この中で知っているのはどれですか？

What do you understand here?

Kako razumete naslednje?

Co pani tutaj rozumie?

?

무엇을 여기에서 이해합니까?

Hvad forstår du her?

Wat verstaat u?

Bunları anlıyor musunuz?

Mit ért?

¿Puede Vd. comprender ya algo?

C.B. COLE

Themen 1

Lehrwerk für Deutsch als Fremdsprache
Kursbuch

von Hartmut Aufderstraße, Heiko Bock,
Mechthild Gerdes, Helmut Müller

Projektbegleitung: Hans-Eberhard Piepho

Max Hueber Verlag

Pictogramme

Dieser Text ist auf Kassette.

Hörtext

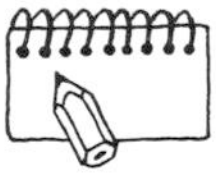
Für diese Übung brauchen Sie Schreibpapier.

Lesetext

Zusammenfassende Aufgabe

Hinweis auf die Grammatik im Anhang S. 124–143

Beratende Mitwirkung: Heidelies Müller, Dagmar Paleit
Lektoratsleitung Deutsch als Fremdsprache: Fritz Glunk
Projektleitung/Verlagsredaktion: Mechthild Gerdes
Gestaltungskonzeption: Hans Peter Willberg, Eppstein
Layout: Yvonne Streit, Budenheim
Illustrationen: Joachim Schuster, Baldham; Ruth Kreuzer, Mainz
Umschlagillustration: Dieter Bonhorst, München
Fotos, wenn nicht anders angegeben (vgl. Bildnachweis S. 152):
Wolfgang Isser, Ismaning
Herstellung: Erwin Faltermeier, München

CIP-Kurztitelaufnahme der Deutschen Bibliothek

Themen: Lehrwerk für Dt. als Fremdsprache. –
München [i. e. Ismaning]: Hueber
1. von Hartmut Aufderstraße . . .
Kursbuch. – 1. Aufl. – 1983.
ISBN 3-19-001371-3
NE: Aufderstraße, Hartmut [Mitverf.]

1. Auflage
3. | Die letzten Ziffern
1987 86 85 | bezeichnen Zahl und Jahr des Druckes.

Gesamtherstellung: Druckerei Auer, Donauwörth
Printed in Germany

ISBN 3-19-001371-3

Inhalt

Kurs: G 1
Guten Tag, ich heiße Thomas Meier.
Guten Tag, mein Name ist Luisa Tendera.
Auf Wiedersehen.
Wie heißen Sie?
Ich heiße Peter Miller.
Wie bitte? Ich verstehe nicht!
Wer ist das?
Das ist Levent Ergök.
Er heißt Jean Paul Faivre.

B1

1

1.

○	Guten Tag,	mein Name ist . . . ich heiße . . .	□ Guten Tag,	mein Name ist . . . ich heiße . . .

2.

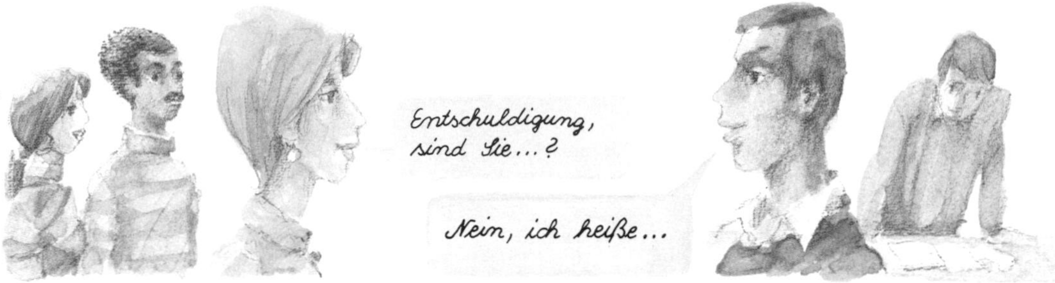

○	Entschuldigung,	sind Sie Herr Meier? (Frau/Fräulein Meier?) heißen Sie Meier?	□ Nein,	ich bin ich heiße mein Name ist	Peter Miller. (Luisa Tendera.)
			Ja.		

3.

○	Mein Name ist Ich heiße	Vásquez Jiménez.	□ Wie bitte? Entschuldigung, wie heißen Sie?

○ Vás-quez – Ji-mé-nez. □ Ich verstehe nicht. Buchstabieren Sie bitte!

○ J - i - m - e - n - e - z

A B C D E F G H I J K L M N O P Q R S T U V W X Y Z

4.

○ Entschuldigung,	sind heißen	Sie . . .?

□ Nein,	ich . . . mein Name . . .
(Ja.)	

○ Und ist das	Frau . . .? Herr . . .? Fräulein . . .?

□ Ja.
(Nein, das ist . . .)

S. 124, 1a–c + 2

5.

○ Guten Tag, Frau/Herr/Fräulein . . .
Wie geht es Ihnen?
(Wie geht's?)

□ Danke,	gut.
	(es geht.)

(Nicht so gut.)
Und Ihnen?

○ Danke. Auch gut.
(Es geht.)
(Auch nicht so gut.)

B1

2

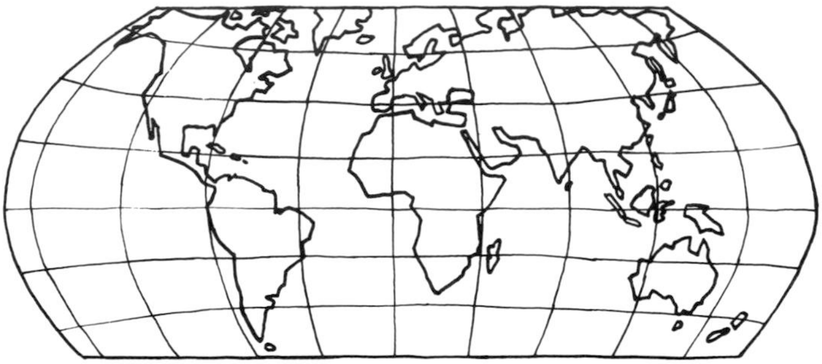

Nordamerika
Kanada
USA

Südamerika
Bolivien
Peru
Brasilien
Argentinien
Chile
Venezuela
Kolumbien
Uruguay
...

Asien
Indien
Japan
China
Indonesien
Thailand
Iran
Israel
Libanon
...

Australien

Europa
Spanien
Österreich
Frankreich
Italien
Dänemark
Türkei
Ungarn
Polen
Rumänien
Bundesrepublik Deutschland
DDR (Deutsche Demokratische Republik)
Belgien
Niederlande
Griechenland
Schweden
Norwegen
Finnland
...

Afrika
Senegal
Ägypten
Elfenbeinküste
Zaire
Tansania
Kenia
Sudan
Ghana
Nigeria
Äthiopien
...

Ich komme aus Großbritannien
aus Frankreich
... ...
aber: aus der Schweiz
aus der DDR
aus der Türkei
aus (den) USA
aus der Bundesrepublik Deutschland
von der Elfenbeinküste
aus den Niederlanden
... ...

S. 124, 1d

- ○ Guten Morgen!
  - ■ Guten Morgen!
- ○ *Fisch.*
  - ■ Wie bitte?
- ○ Fisch.
  - ■ Ich verstehe nicht.
- ○ Ich heiße Fisch.
  - ■ Ach so.
    Bach.
- ○ Wie bitte?
  - ■ Bach.
- ○ Ich verstehe nicht.
  - ■ Ich heiße Bach.
- ○ Ach so.
  Ja dann – auf Wiedersehen!
  - ■ Auf Wiedersehen!

Fisch *Bach*

- ○ Guten Tag!
  - ■ Guten Tag!
- ○ *Fisch.*
  - ■ Wie bitte?
- ○ Mein Name ist Fisch.
  - ■ Was? – Sie heißen Fisch?
- ○ Ja. Warum?
  - ■ Ich heiße *Bach.*
- ○ Wie bitte?
  - ■ Mein Name ist Bach.
- ○ Komisch – Sie heißen Bach?
  Und woher kommen Sie?
  - ■ Ich komme aus Fischbach.
- ○ Was? – Sie kommen aus Fischbach?
  - ■ Ja. Warum? Und Sie?
- ○ Wie bitte?
  - ■ Woher kommen Sie denn?
- ○ Ich komme auch aus Fischbach.
  - ■ Na so was!

Mond

See

Kuh

Faß

Wein

Berg

B2 Wer ist das?

1

Das ist Willy Brandt.
Er kommt
aus der Bundesrepublik.

Das ist Maria Theresia.
Sie kommt aus Österreich.

Das sind Dick und Doof.
Sie kommen aus USA.

S. 124, 1d
+ 2

○ Wer ist das?	□ Das ist . . . / sind . . .
○ Ist / Sind das . . .?	□ Nein, / Ja, das ist . . . / sind . . .
○ Woher kommt . . .? / kommen . . .?	□ Er / Sie / Sie kommt / ist / kommen / sind aus . . . (Aus . . .)
○ Kommt / Kommen . . . aus . . .?	□ Nein, aus . . . (Ja.) (Das weiß ich nicht.)

Lösung: Seite 15

B2

2

Kurs: G I	Institut Deutsch als Fremdsprache Teilnehmerliste		Raum: 306
Name	**Vorname**	**Land**	**Stadt**
Brooke	Ronald	USA	Atlanta
Destrée	Lucienne	Frankreich	Marseille
Ergök	Levent	Türkei	Izmir
El-Tahir	Ibrahim	Tunesien	Tunis
Faivre	Jean-Paul	Frankreich	Paris
Tendera	Luisa	Italien	Palermo
Jiménez	Vásquez	Peru	Lima
Miller	Peter	USA	Boston
Young	Yasmin	Korea	Seoul
Salt	Linda	Großbritannien	Bristol
Maddi	Amadu	Ghana	Accra

1. Woher kommt . . .?

a) ○ Er heißt Ronald Brooke.
Woher kommt er?
■ Er kommt aus Atlanta in USA.

b) ○ Sie heißt . . . Woher kommt sie?
■ Sie kommt aus . . .

c) ○ . . .
■ . . .

2. Wer ist das?

a) ○ Er kommt aus Atlanta, USA. Wer ist das?
■ Das ist Ronald Brooke.

b) ○ Sie kommt aus . . . Wer ist das?
■ Das ist . . .

c) ○ . . .
■ . . .

3. Kommt . . .?

a) ○ Kommt Ronald Brooke aus USA?
■ Ja.

b) ○ Kommt Lucienne Destrée aus Marokko?
■ Nein, sie kommt aus Frankreich.

c) ○ . . .
■ . . .

d) ○ . . .
■ . . .

1

Zahlen: 0–100

0: null				
1: eins	10: zehn	100: (ein)hundert	11: elf	21: einundzwanzig
2: zwei	20: zwanzig		12: zwölf	22: zweiundzwanzig
3: drei	30: dreißig		13: dreizehn	23: dreiundzwanzig
4: vier	40: vierzig		14: vierzehn	24: vierundzwanzig
5: fünf	50: fünfzig		15: fünfzehn	25: fünfundzwanzig
6: sechs	60: sechzig		16: sechzehn	26: sechsundzwanzig
7: sieben	70: siebzig		17: siebzehn	27: siebenundzwanzig
8: acht	80: achtzig		18: achtzehn	28: achtundzwanzig
9: neun	90: neunzig		19: neunzehn	29: neunundzwanzig

○ Kaufmann.

□ Wer ist da bitte?

○ Kaufmann.

□ Ist da nicht zweiunddreißig – sechsunddreißig – zwanzig?

○ Nein, hier ist zweiundvierzig – sechsundfünfzig – zwanzig.

□ Oh, Entschuldigung. Auf Wiederhören.

Spielen Sie den Dialog.

○ . . .

□ Wer ist da bitte?

○ . . .

□ Ist da nicht . . .?

○ Nein, hier ist . . .

□ Oh, Entschuldigung. Auf Wiederhören.

○ 1. Sager 42 56 99
2. Fotokopien Brigitte Lang 96 85 29
3. Franz Fuchsgruber 93 61 73
4. Horst Freund 96 82 25
5. Taxi Stöhr 96 88 80

□

Wie viele Wörter finden Sie?

K	O	M	M	E	N	M
G	U	T	E	N	F	O
A	N	D	H	E	R	R
U	A	R	E	I	A	G
C	M	E	I	N	U	E
H	E	I	S	S	E	N

Lösung von Seite 12:

Kleopatra (Ägypten), Napoleon (Frankreich), Karl Marx (Deutschland), Friedrich Engels (Deutschland), Heinrich Heine (Deutschland), Drakula (Transsylvanien), Marilyn Monroe (USA), Pablo Picasso (Spanien)

2

Was heißt das?

1. A E M N = Name
2. E G N T U A B D E N =
3. E G N T U E G M N O R =
4. A F R U =
5. A D E K N =
6. E E H I S S N =
7. D E E E E H I N R S W =

Wieviel ist das?

1. vierzig + drei + acht = ?
2. sieben + zehn + vier = ?
3. sechzig – zwanzig = ?
3. achtzehn – zwölf + drei = ?
5. sechsunddreißig – fünfzehn = ?
6. vier + dreizehn + vierundzwanzig = ?
7. siebenundsiebzig neununddreißig – ?

Was paßt nicht?

1. du – heißen – Sie – wie?
2. aus – kommen – Sie – woher?
3. ist – Meier – bin – mein – Name.
4. heiße – ich – komme – Meier.
5. ich – komme – nicht – verstehe.

Woher kommen Sie?

3

1. Hören Sie den Dialog.

2. Beantworten Sie dann:

a) Wie heißt sie?

Peters | Salt | Fischer

b) Ist sie aus . . .?

Bristol | München | Deutschland

c) Wie heißt er?

Linda | Rolf | Peter

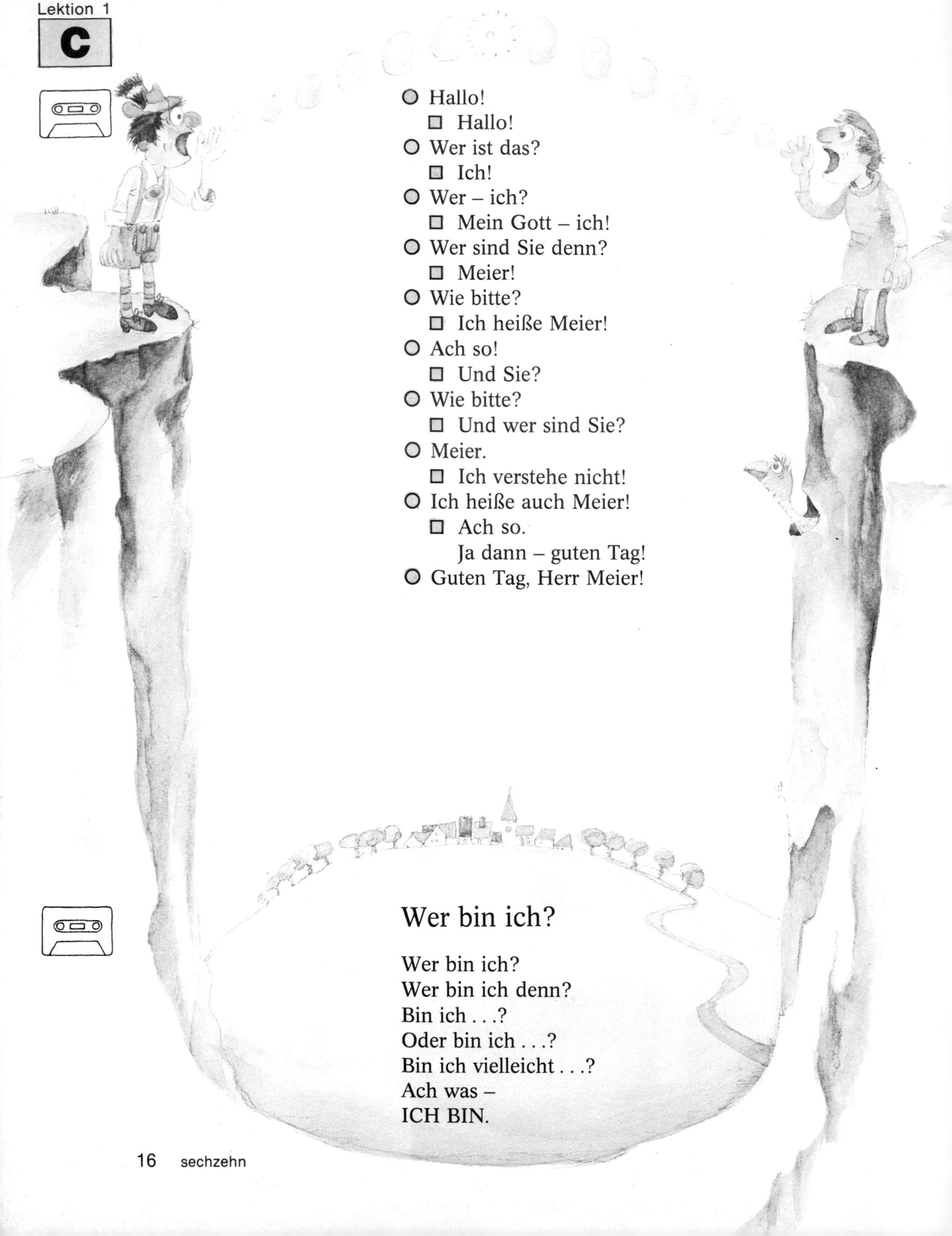

○ Hallo!
  □ Hallo!
○ Wer ist das?
  □ Ich!
○ Wer – ich?
  □ Mein Gott – ich!
○ Wer sind Sie denn?
  □ Meier!
○ Wie bitte?
  □ Ich heiße Meier!
○ Ach so!
  □ Und Sie?
○ Wie bitte?
  □ Und wer sind Sie?
○ Meier.
  □ Ich verstehe nicht!
○ Ich heiße auch Meier!
  □ Ach so.
  Ja dann – guten Tag!
○ Guten Tag, Herr Meier!

Wer bin ich?

Wer bin ich?
Wer bin ich denn?
Bin ich . . .?
Oder bin ich . . .?
Bin ich vielleicht . . .?
Ach was –
ICH BIN.

Lektion 2

Köln
Brehmweg
12
Lore und Bernd
. . . Programmierer
. . . Grafikerin
Bäcker
Krankenschwester
Student
Mechaniker
Bauer
Ingenieur

B1

1

1. Was sind Sie von Beruf?

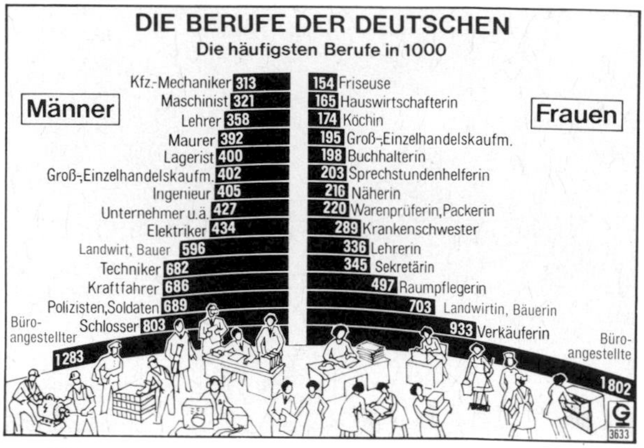

2. Wie heißt er?

a) Wie heißt er/sie?
b) Wie alt ist er/sie?
c) Was ist er/sie von Beruf?
d) Wo wohnt er/sie?

Werner Borghardt, Hamburg, Kaufmann, 62 Jahre

Wynn Hopper, London, Bankangestellte, 23 Jahre
Heinrich Gruber, München, Kunsthändler, 34 Jahre

Doris Brecht, Berlin, Verkäuferin, 38 Jahre

S. 126, 2

○ Guten Tag, ist hier noch frei?
□ Ja, bitte.
○ Sind Sie hier neu?
□ Ja, ich arbeite hier erst drei Tage.
○ Ach so, und was machen Sie?
□ Ich bin Mechaniker.
Und Sie?
○ Ich bin Programmierer.
Übrigens: Ich heiße Jan van Groot.
□ ...
○ ....

S. 126, 2

○ Ist hier frei?
□ Ja, bitte.
(Natürlich, bitte.)

○ Sind Sie hier neu?
□ Ja, ich arbeite hier erst drei Tage.
(Nein, ich arbeite hier schon vier Monate.)

○ Und was machen Sie?
(Was sind Sie von Beruf?)
□ Mechaniker.
Und Sie?
(Ich bin Mechaniker.
Und Sie?)

○ Ich bin Programmierer.
Übrigens, ich heiße ...
□ ...

B1

Leute, Leute . . .

3

1. Das ist Lore Sommer.
Sie ist Deutsche und lebt in Hamburg.
Sie ist verheiratet und hat zwei Kinder.
Sie ist Grafikerin.

3. Levent Ergök und seine Kollegen.
Er ist Automechaniker bei Mannesmann in Essen und seit drei Jahren in der Bundesrepublik.
Frau und drei Kinder sind in der Türkei, denn Wohnen, Essen und Trinken sind teuer in Deutschland.

5. Peter-Maria Glück, Schausteller, wohnt im Wohnwagen.
Er ist heute in Stuttgart, morgen in Heidelberg und übermorgen in Mannheim.
Er hat fünf Kinder.

7. Barbara und Rolf Link wohnen in Muri bei Zürich.
Sie arbeiten zusammen.
Rolf Link ist Bauer, Barbara ist Bäuerin.

Ergänzen Sie.

Name	Beruf	Wohnort	Familienstand	Kinder
Lore Sommer	Grafikerin	Hamburg	verheiratet	2
Levent Ergök				
Barbara und Rolf Link				
Peter-Maria Glück				
Hildegard Reichel				

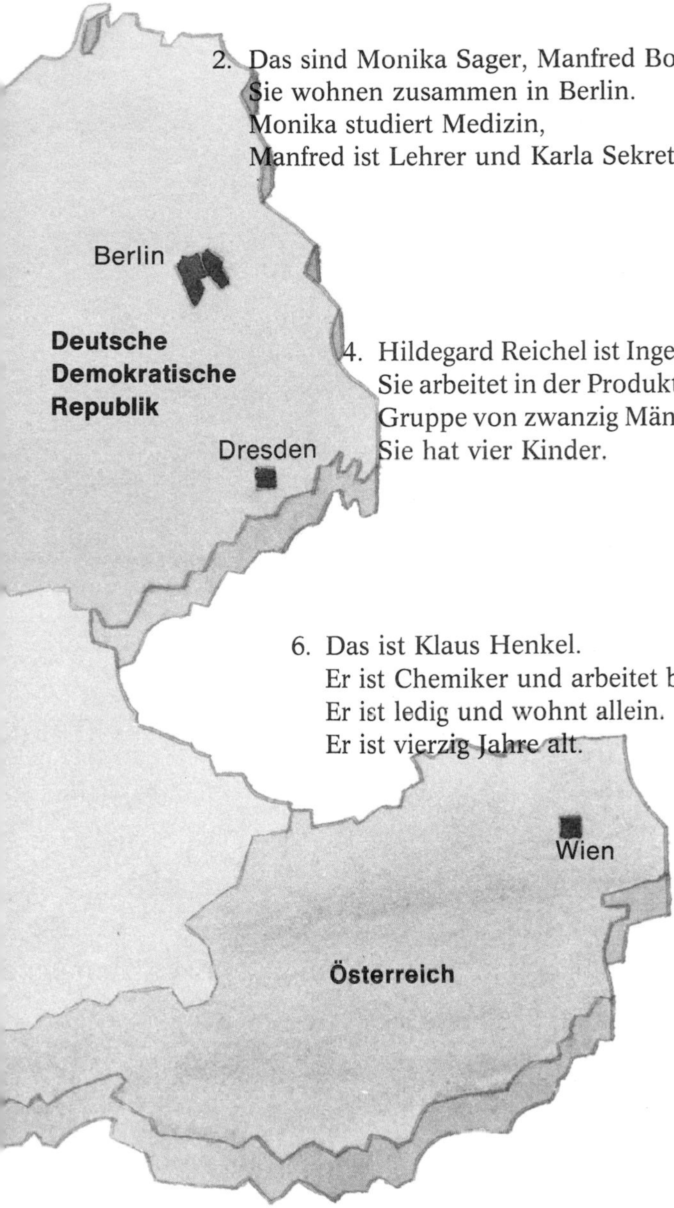

2. Das sind Monika Sager, Manfred Bode und Karla Reich.
Sie wohnen zusammen in Berlin.
Monika studiert Medizin,
Manfred ist Lehrer und Karla Sekretärin.

4. Hildegard Reichel ist Ingenieurin in Dresden.
Sie arbeitet in der Produktion und leitet eine Gruppe von zwanzig Männern und Frauen.
Sie hat vier Kinder.

6. Das ist Klaus Henkel.
Er ist Chemiker und arbeitet bei Siemens in Wien.
Er ist ledig und wohnt allein.
Er ist vierzig Jahre alt.

Name	Beruf	Wohnort	Familienstand	Kinder
Monika Sager				
Manfred Bode				
Karla Reich				
Klaus Henkel				

B2

1

● Hallo, Ibrahim.

■ Tag, Yasmin.
Sag mal, was machst du denn hier?

● Ich lerne hier Deutsch.
Ich möchte doch in Köln Chemie studieren.

■ Ach ja, richtig.
Das ist übrigens meine Lehrerin, Frau Guldner.

△ Guten Tag.

● Ich heiße Yasmin Young.

△ Kommen Sie aus Japan?

● Nein, aus Korea.

△ Sie sprechen aber gut Deutsch.

● Na ja, es geht.

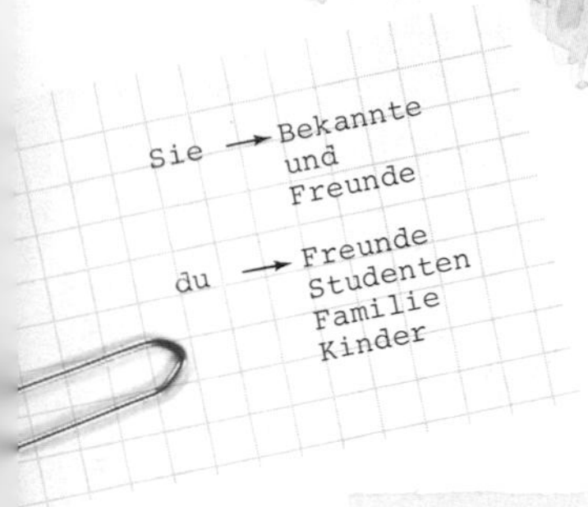

○ Hallo, | Ibrahim.
Tag, | . . .

□ Tag, | Yasmin.
Hallo, | . . .
Was machst du denn hier?

○ Ich lerne hier Deutsch.
Ich möchte doch | in Köln Chemie studieren.
| in . . .

□ Ach ja, richtig.
Das ist übrigens | meine Lehrerin, . . .
| mein Lehrer, . . .
| . . .

△ Guten Tag.
(Tag.)

○ Ich | heiße | Yasmin Young.
| bin | . . .

△ Kommen Sie | aus Japan?
Sind Sie | aus . . .

○ Nein, | aus Korea.
| aus . . .
(Ja.)

S. 125, 1a, b
+ 126, 2

△ Sie sprechen aber gut Deutsch.

○ Na ja, es geht.
(Danke.)

1. Was machst du denn hier?

S. 25 +
S. 127, 3

○ Was | machst du / machen Sie | denn hier?

□ Ich lerne Spanisch.

○ Und warum?

□ Ich möchte in Mexiko arbeiten.

Spanisch	....	....	....	....	....
Mexiko arbeiten	Frankreich studieren	Österreich studieren	London arbeiten	Kairo studieren	Lissabon wohnen

2. Was machen Sie?

3. Wo arbeiten Sie? Wo arbeitest du?

S. 127

○ Herr Glock, wo arbeiten Sie?

■ In Köln.

○ Und wo wohnen Sie?

■ Auch in Köln.

○ Was sind Sie von Beruf?

■ Programmierer.

Herr Glock	Heiner	Frau Thomas	Dagmar	Frau Bär
Köln	München	Wuppertal	Düsseldorf	Oldenburg
Köln	Glonn	Solingen	Neuss	Rastede
Programmierer	Packer	Kauffrau	Lehrerin	Sekretärin

B2

2

S. 127

- ○ Hast du Feuer?
  - □ Nein, leider nicht.
- ○ Wartest du hier schon lange?
  - □ Es geht. Zwei Stunden.
- ○ Ich komme aus Schweden. Und woher kommst du?
  - □ Ich komme aus Bruck.
- ○ Wo liegt das denn?
  - □ Bei Wien. Ich bin Österreicher.

○ Hast du Feuer?

□ Nein, leider nicht.
(Ja, hier.)

○ Wartest du hier schon lange?

□ Es geht. Zwei Stunden.
(Ja, schon sieben Stunden.)
(Nein, erst fünf Minuten.)

○

Ich	komme bin	aus	Schweden England/Spanien Peru/Italien ...

Und woher kommst du?

□

Ich	komme bin	aus	Bruck Toulon/Burgdorf Arenzano/Maniza ...

(Aus ...)

○

Wo	liegt ist	das denn?

□

Bei	Wien Marseille/Bern Genua/Izmir ...

Ich bin	Österreicher. ...

Italien USA (Amerika) ...	Italiener Amerikaner ...	Italienerin Amerikanerin ...	italienisch amerikanisch ...
Ungarn ...	Ungar ...	Ungarin ...	ungarisch ...
Frankreich ...	Franzose ...	Französin ...	französisch ...
Türkei Griechenland ...	Türke Grieche ...	Türkin Griechin ...	türkisch griechisch ...
China ...	Chinese ...	Chinesin ...	chinesisch ...
Deutschland	Deutscher	Deutsche	deutsch

Studieren und arbeiten?

3

Amadu, der Student

... der Packer

... der Kellner

1. Hören Sie den Dialog.

2. Was ist hier richtig (r)? Was ist hier falsch (f)?

a) Amadu Maddi kommt aus Ghana.
b) Er ist Elektrotechniker von Beruf.
c) Er möchte in Ghana studieren.
d) Wohnen, Essen und Trinken sind teuer.
Also arbeitet er in den Ferien.
e) Es gibt viel Arbeit in der Bundesrepublik Deutschland.

B3

1

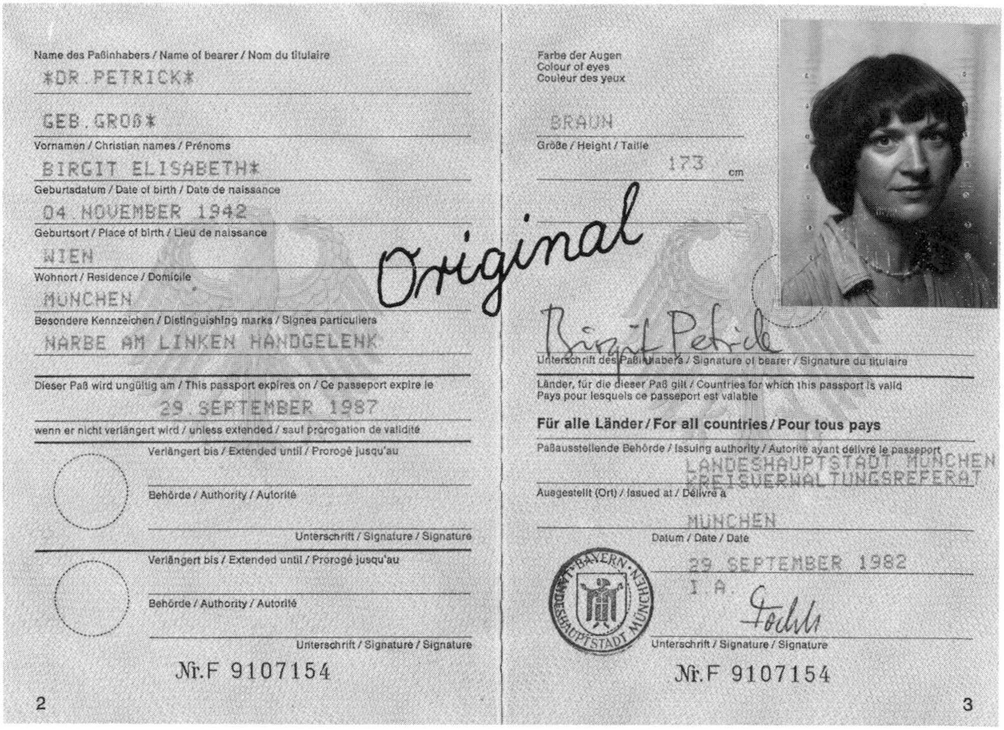
Name des Paßinhabers / Name of bearer / Nom du titulaire
DR.PETRICK
GEB.GROß*
Vornamen / Christian names / Prénoms
BIRGIT ELISABETH*
Geburtsdatum / Date of birth / Date de naissance
04.NOVEMBER 1942
Geburtsort / Place of birth / Lieu de naissance
WIEN
Wohnort / Residence / Domicile
MÜNCHEN
Besondere Kennzeichen / Distinguishing marks / Signes particuliers
NARBE AM LINKEN HANDGELENK
Dieser Paß wird ungültig am / This passport expires on / Ce passeport expire le
29 SEPTEMBER 1987
wenn er nicht verlängert wird / unless extended / sauf prorogation de validité
Verlängert bis / Extended until / Prorogé jusqu'au
Behörde / Authority / Autorité
Unterschrift / Signature / Signature
Verlängert bis / Extended until / Prorogé jusqu'au
Behörde / Authority / Autorité
Unterschrift / Signature / Signature
Nr.F 9107154
2

Farbe der Augen
Colour of eyes
Couleur des yeux
BRAUN
Größe / Height / Taille
173 cm
Birgit Petrick
Unterschrift des Paßinhabers / Signature of bearer / Signature du titulaire
Länder, für die dieser Paß gilt / Countries for which this passport is valid
Pays pour lesquels ce passeport est valable
Für alle Länder / For all countries / Pour tous pays
Paßausstellende Behörde / Issuing authority / Autorité ayant délivré le passeport
LANDESHAUPTSTADT MÜNCHEN
KREISVERWALTUNGSREFERAT
Ausgestellt (Ort) / Issued at / Délivré à
MÜNCHEN
Datum / Date / Date
29 SEPTEMBER 1982
I.A.
Unterschrift / Signature / Signature
Nr.F 9107154
3

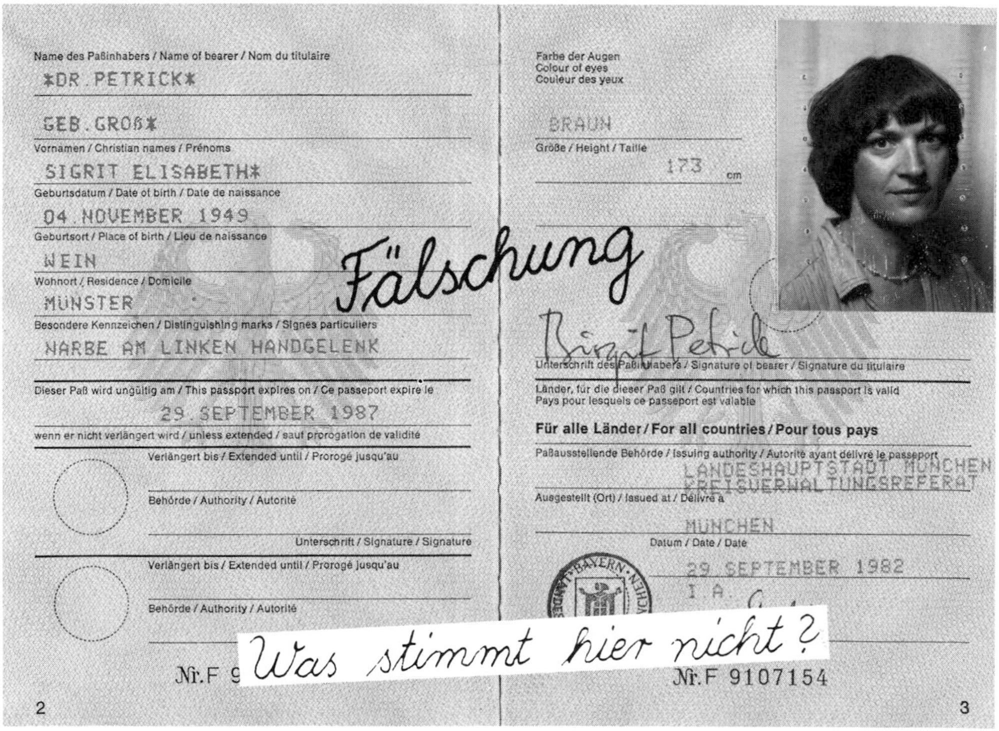
Name des Paßinhabers / Name of bearer / Nom du titulaire
DR.PETRICK
GEB.GROß*
Vornamen / Christian names / Prénoms
SIGRIT ELISABETH*
Geburtsdatum / Date of birth / Date de naissance
04.NOVEMBER 1949
Geburtsort / Place of birth / Lieu de naissance
WEIN
Wohnort / Residence / Domicile
MÜNSTER
Besondere Kennzeichen / Distinguishing marks / Signes particuliers
NARBE AM LINKEN HANDGELENK
Dieser Paß wird ungültig am / This passport expires on / Ce passeport expire le
29 SEPTEMBER 1987
wenn er nicht verlängert wird / unless extended / sauf prorogation de validité
Verlängert bis / Extended until / Prorogé jusqu'au
Behörde / Authority / Autorité
Unterschrift / Signature / Signature
Verlängert bis / Extended until / Prorogé jusqu'au
Behörde / Authority / Autorité
Nr.F 9
2

Farbe der Augen
Colour of eyes
Couleur des yeux
BRAUN
Größe / Height / Taille
173 cm
Birgit Petrick
Unterschrift des Paßinhabers / Signature of bearer / Signature du titulaire
Länder, für die dieser Paß gilt / Countries for which this passport is valid
Pays pour lesquels ce passeport est valable
Für alle Länder / For all countries / Pour tous pays
Paßausstellende Behörde / Issuing authority / Autorité ayant délivré le passeport
LANDESHAUPTSTADT MÜNCHEN
KREISVERWALTUNGSREFERAT
Ausgestellt (Ort) / Issued at / Délivré à
MÜNCHEN
Datum / Date / Date
29 SEPTEMBER 1982
I.A.
Nr.F 9107154
3

Interviewspiel

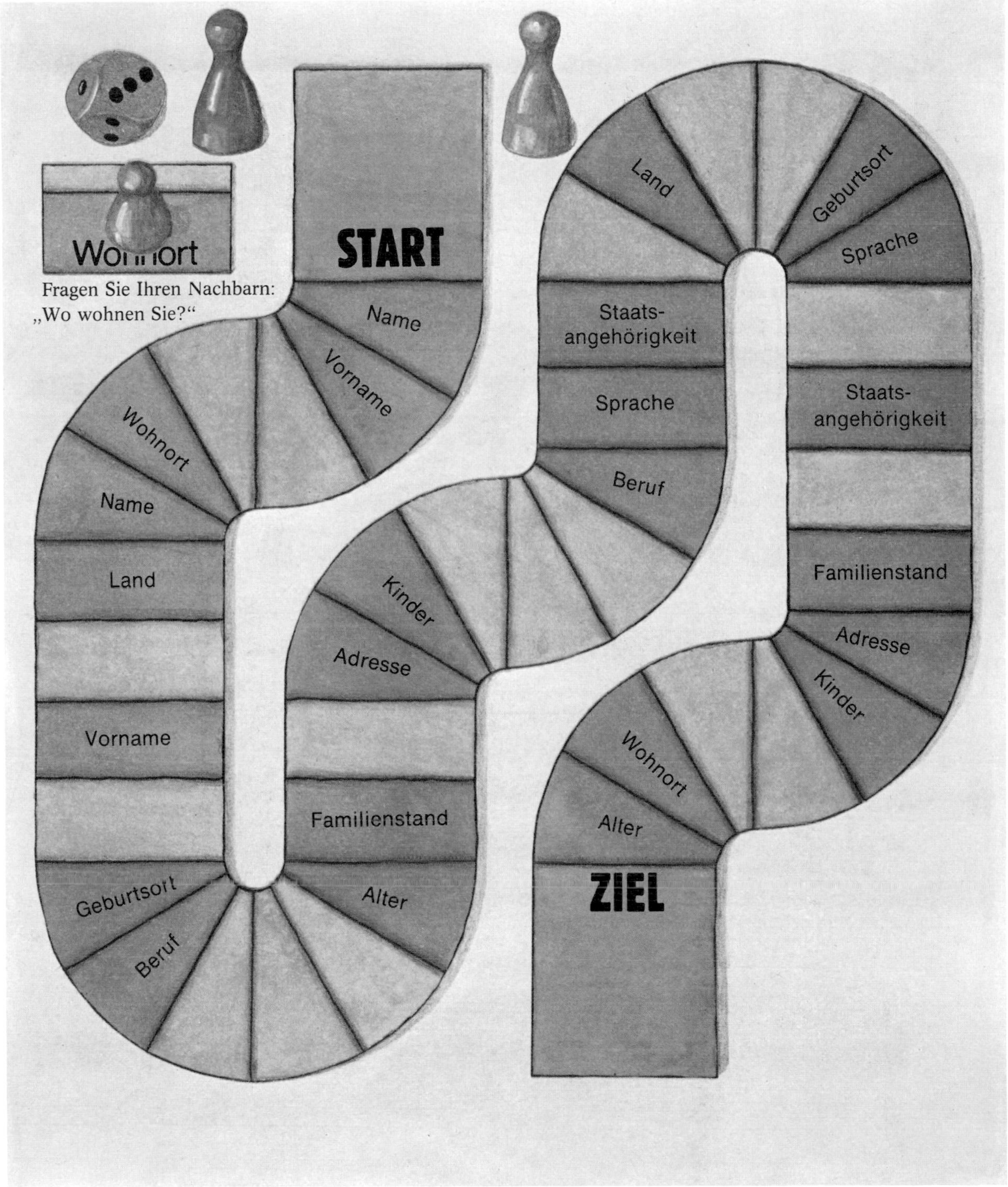

2

1. Was wissen Sie von Nyerere?

Julius Nyerere

Björn Borg

Papst Johannes Paul II.

Fidel Castro

Mutter Theresa

Simone de Beauvoir

Berichten Sie über:
Geburtsort,
Staatsangehörigkeit,
Beruf,
Wohnort,
...

Butiama/Tanganika · französisch · schwedisch · Havanna · Daressalam/Tansania · kubanisch · Tennisspieler · Paris · Wadowice · Politiker · Papst · Politiker · Vatikanstadt · polnisch · Paris · tansanisch · Kalkutta · Ordensschwester · Mayare/Ostkuba · Monaco · Schriftstellerin · Södertellje · jugoslawisch · Skopje/Jugoslawien

2. Wer ist das?

Personenraten: Antworten Sie nur „ja“ oder „nein“.

Herr Weiß aus Schwarz

○ Wie heißen Sie?
□ Weiß.
○ Vorname?
□ Friedrich.
○ Wohnhaft?
□ Wie bitte?
○ Wo wohnen Sie?
□ In Schwarz.
○ Geboren?
□ Wie bitte?
○ Wann sind Sie geboren?
□ Am 5. 5. 55.
○ Geburtsort?
□ Wie bitte?
○ Wo sind Sie geboren?
□ In Weiß.
○ Sind Sie verheiratet?
□ Ja.
○ Wie heißt Ihre Frau?
□ Isolde, geborene Schwarz.
○ Sie sind also Herr Weiß –
wohnhaft in Schwarz –
geboren in Weiß –
verheiratet mit Isolde Weiß –
geborene Schwarz?
□ Richtig.
○ Und was machen Sie?
□ Wie bitte?
○ Was sind Sie von Beruf?
□ Ich bin Elektrotechniker.
Aber ich arbeite – schwarz.
○ Das ist verboten.
□ Ich weiß.

Wer knoselt wo?

Bingstedt

Herr Friedrich Krummnagel maselt aus Bingstedt,
knoselt in Grasdorf und heuzt in Fürchterlingen.
Frau Isolde Krummnagel maselt nicht aus Bingstedt –
sie maselt aus Fürchterlingen.
Aber sie knoselt auch in Grasdorf.
Isolde Krummnagel heuzt nicht.
Fräulein Gerti Krummnagel heuzt auch nicht –
sie schickert noch. Sie maselt aus Grasdorf.
Gerti silkte gern in Fürchterlingen schickern,
aber das ist leider nicht möglich.
Deshalb schickert sie in Bingstedt.

Verblummern Sie das? Ja?
Dann orzen Sie bitte!

Knoselt, maselt, heuzt, schickert, silkte, verblummern und *orzen*
sind Phantasiewörter.
Wie heißen die Wörter richtig?

Grasdorf

Fürchterlingen

Der Nichtstuer

- ○ Was machen Sie denn da?
  - □ Nichts.
- ○ Nichts? Was heißt das, nichts?
  - □ Nichts, das heißt nichts.
- ○ Sie arbeiten also nicht?
  - □ Nein, ich arbeite nicht.
- ○ Sie studieren auch nicht?
  - □ Nein, ich studiere nicht.
- ○ Sie lernen also auch nichts?
  - □ Nein, ich lerne nichts.
- ○ Das verstehe ich nicht.
  - □ Das macht nichts.

Lektion 3

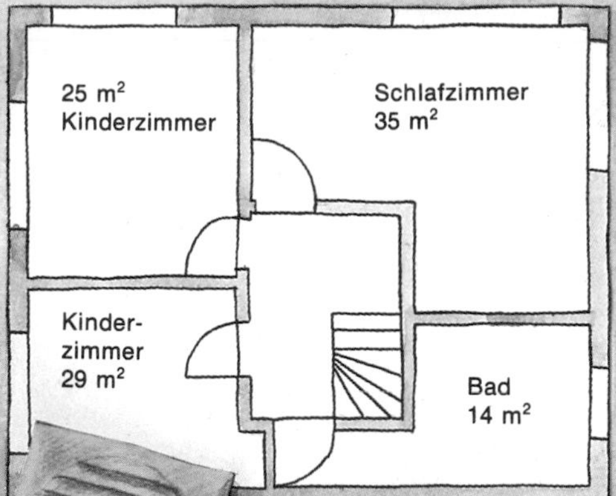

Dachgeschoß

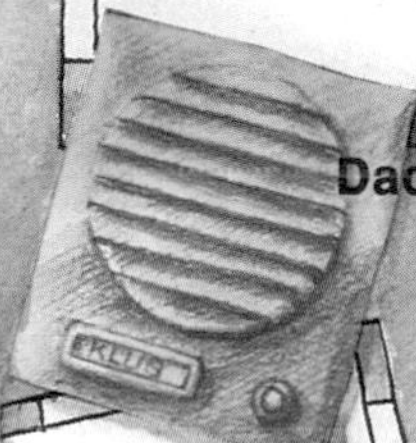

Einfamilienhaus
5 Zimmer, 160 m²
Miete 1190,– DM + NK
Klug, Kiefernring 5, Lollar
Tel. 06403/5229

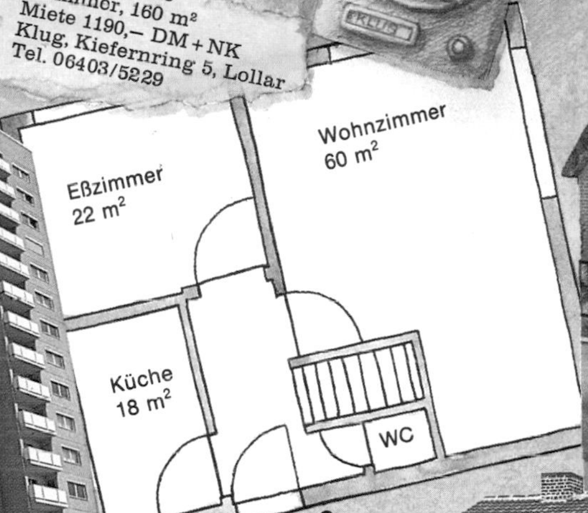

Erdgeschoß

Einfamilienhaus

4-Zimmer-Wohnung 82 m²
modernes Hochhaus,
Miete 580,– DM + NK,
Kiefernring 18, Schulze
Tel. 06403/2788 Lollar

Hochhaus

Reihenhäuser

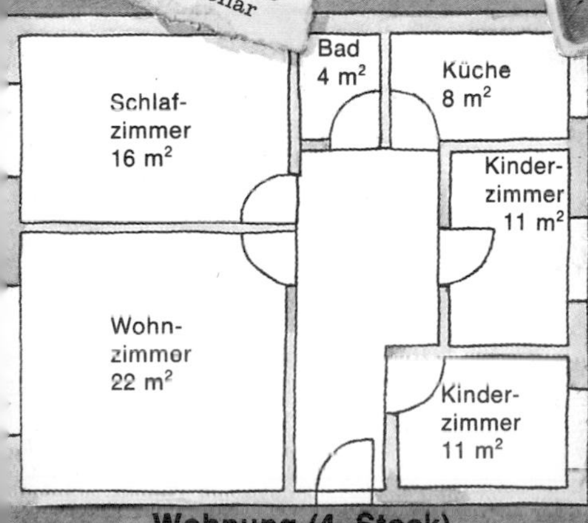

Wohnung (4. Stock)

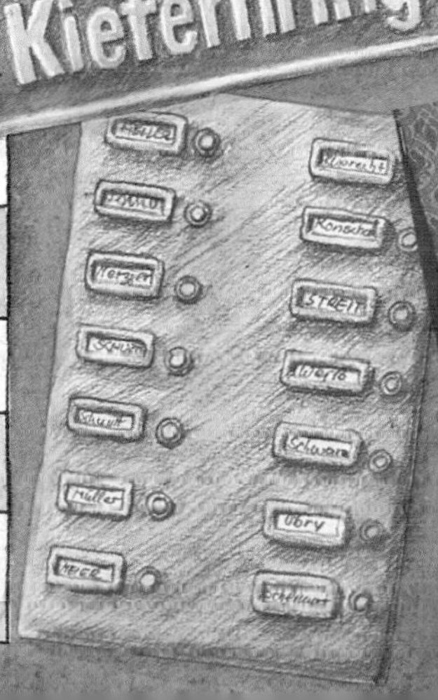

B1

1

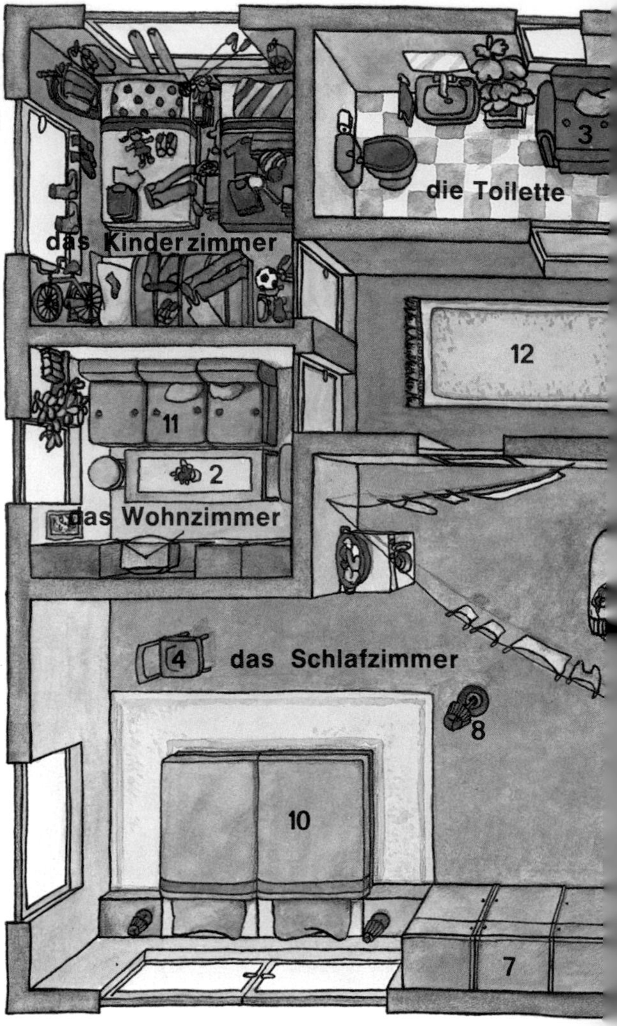

Das ist Familie Komischmann:

Herr und Frau Komischmann
und drei Kinder.
Sie haben eine Wohnung in Seltsam.
Die Wohnung ist groß:
ein Wohnzimmer, ein Schlafzimmer,
ein Kinderzimmer,
ein Eßzimmer, eine Küche,
ein Bad und eine Toilette.
Das Schlafzimmer ist groß und hell.
Das Badezimmer ist auch sehr groß.

Aber was ist hier komisch?

Das Wohnzimmer ist klein und dunkel.
Das Eßzimmer . . .

ein Flur - der Flur
eine Wohnung - die Wohnung
ein Bad - das Bad

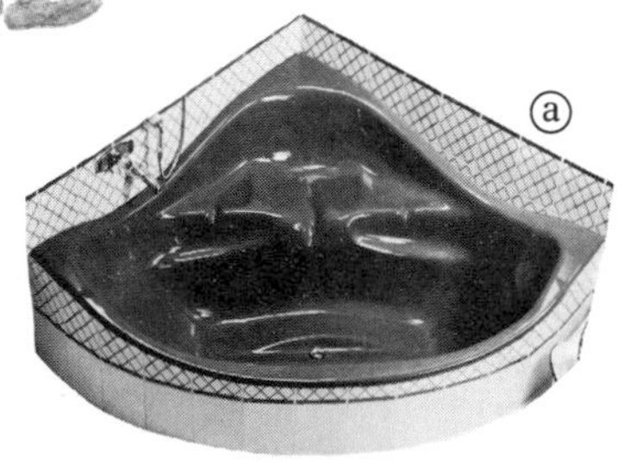

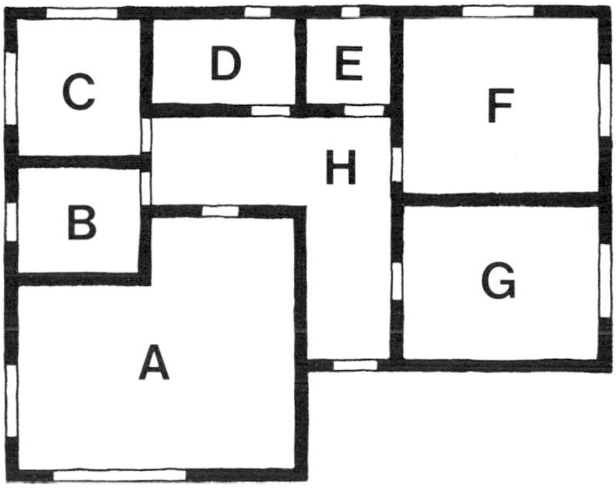

Was meinen Sie? Wie ist es besser?

Zimmer A ist kein Schlafzimmer,
sondern besser ein . . .
Zimmer B ist . . .

Wie heißt das . . .?

○ Nr. 4, wie heißt das auf deutsch?
□ Stuhl.
Das ist ein Stuhl.

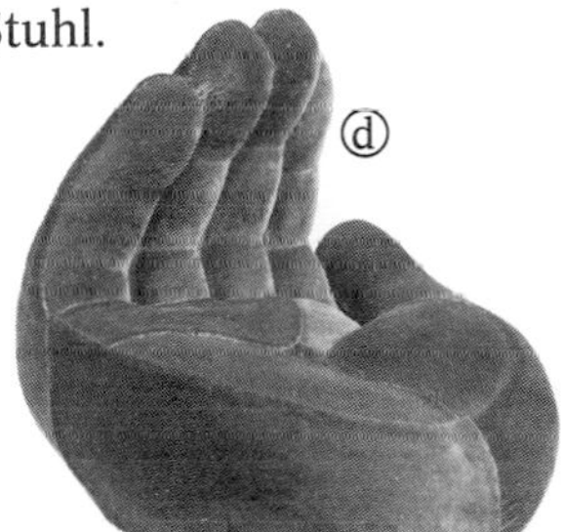
ⓓ

ⓑ

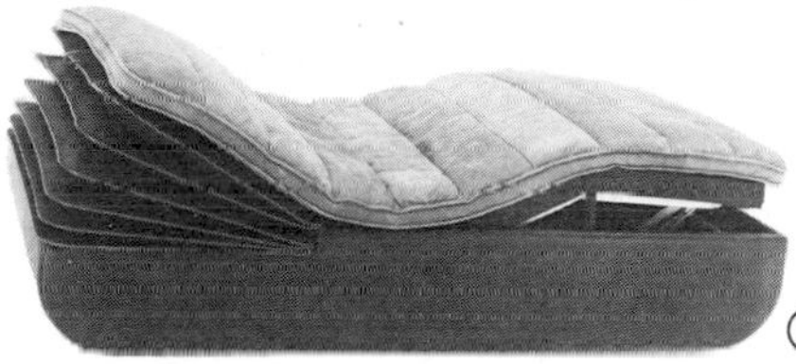
ⓒ

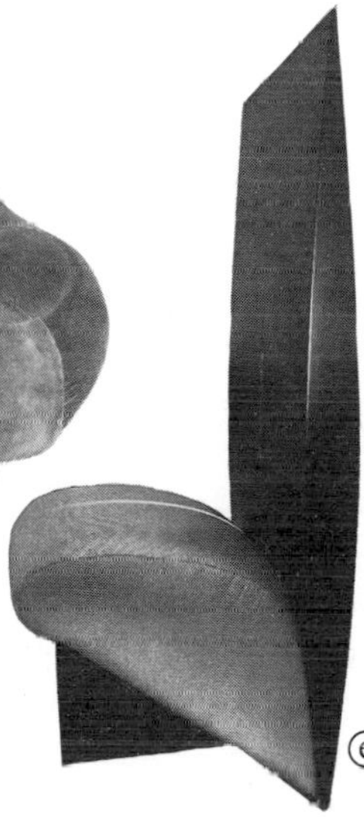
ⓔ

ⓕ

Was ist denn . . .?

○ Was ist denn ⓒ?
□ Ein Bett.
○ Das ist doch kein Bett.
□ Doch.

S. 128, 1

2

„der“ oder „ein“ – „die“ oder „eine“ – „das“ oder „ein“?

das Dorf
die Fabrik
die Wassermühle

der Platz
das Bauernhaus
die Kirche

die Mühle
die Stadt
das Wohnhaus

Das ist . . . Platz in Rothenburg. Das ist . . . Stadt in Süddeutschland. . . . Stadt ist 800 Jahre alt und hat 11 800 Einwohner.

Das ist . . . Bauernhaus in Vechta. Vechta ist . . . Stadt bei Oldenburg. . . . Stadt hat 24 000 Einwohner.

Das ist . . . Kirche in Bayern. . . . Kirche heißt „Wieskirche“ und liegt bei Füssen.

Das ist . . . Fabrik in Rüsselsheim. Hier arbeiten 8000 Leute. . . . Fabrik produziert Autos.

Das ist . . . Dorf im Engadin. Das Engadin liegt in der Schweiz. . . . Dorf ist nicht sehr groß, aber schon 500 Jahre alt.

Das ist . . . Wassermühle in Norddeutschland. . . . Mühle ist jetzt . . . Wohnhaus. Es gibt ein Zimmer, . . . Küche und . . . Bad.

1. Wie finden Sie die Stühle?

☞ S. 129, 3

Der Stuhl Nummer 1 ist praktisch. Der Stuhl Nummer 2 ist ...
... ... Nummer 3 ist ... ... Nummer 4 ist ...
... ... Nummer 5 ist ... ... Nummer 6 ist ...
... ... Nummer 7 ist ... ... Nummer 8 ist ...
... ... Nummer 7 ist schön. ... ... Nummer 4 ist häßlich.
... ...

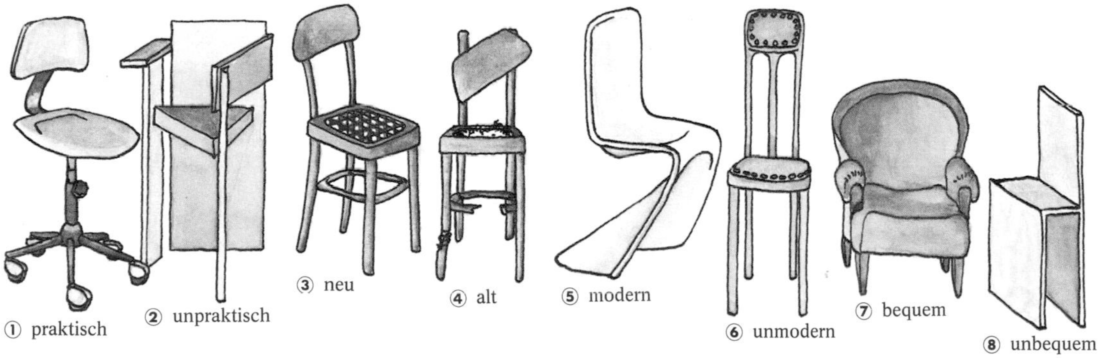

2. Und wie finden Sie die Lampen?

Ich finde, | Nummer 2 ist praktisch, aber häßlich.
... | ...

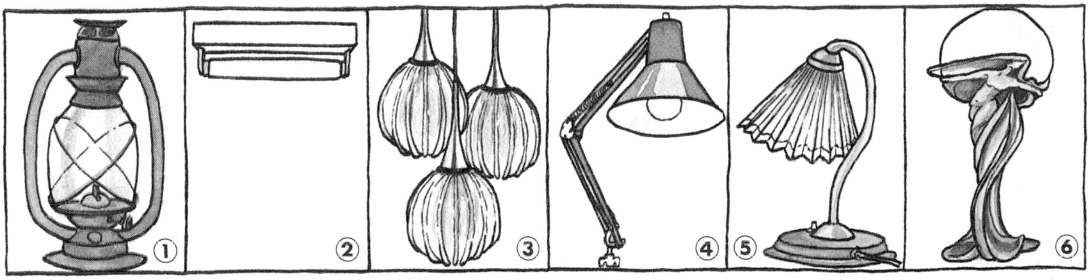

B2

2

● Du, das Wohnzimmer ist phantastisch.
■ Findest du?
● Ja, sehr gemütlich,
und die Möbel sind sehr schön.
Sind die neu?
■ Nicht alle, nur der Schrank,
die Couch und die Stühle.
● Die Sessel und der Tisch nicht?
■ Nein, die sind alt.
● Und die Lampe, die ist toll.
Die gefällt mir.
■ Komm, und hier ist das Bad . . .

○	Das	Wohnzimmer	ist	phantastisch.
	Der	. . .		prima.
	Die	. . .		schön.
				nicht schlecht.

□ Findest du?

○	Ja,	sehr	gemütlich.
		schön	hell.
			groß.
			praktisch.
		die Möbel sind schön.	

○ Sind die Möbel neu?

(Ist	der Sessel	neu?)
	die . . .	
	das . . .	

□	Nein,	nur	der Stuhl.
	Nicht alle,		die . . .
			das . . .

(Ja.)

(Ja.)

(Nein, aber	der Stuhl.)
	die . . .
	das . . .

○	Und	die Lampe, die	ist	toll.
		der Sessel, der		phantastisch.
		das Bett, das		. . .

Die	gefällt mir.
Der	
Das	

□ Komm, und hier ist	das Bad.
	. . . . . .

1

ZU VERMIETEN

Wohnungen

2-ZW, 69 m² Wfl. in Frankfurt zu verm., Miete DM 430,– + NK. Mo.-Fr. 9-13 Uhr. Tel. 06198/9053 (1)

Heusenstamm, 2-ZW, 70 m², Blk., Tiefgarage, Abstellplatz, DM 570,– + NK 170,–. Tel. 06104/1251 (2)

Zimmer

1-ZW. Westend, 17,5 m², Kochni., Tel., DM 220,– + NK z. 1.12. Tel. 748636, 10-12 und 18-20 Uhr (1)

Frankfurt, Dahlmannstr., neu möbliertes Zi. m. Kü.-Ben., Bad/WC, an Herrn, DM 240,– / DM 39,– + 1 x Kt. Tel. 06194 / 32741 (2)

Häuser

Urberach, 1-Fam.-Hs., 220 m² Wfl. mit all. Komf., 8 Zi., ca. 700 m² Garten, Terr., Garage DM 1.650,– / NK / Kt. Paul Immobilien, Rödermark, Tel. 06074/67395 (1)

Bad Homburg, exkl. Reihenhaus. 150 m² Wfl., 6 Zi., Küche, 2 Bäder, sep. WC, Terrasse, Garage, DM 1.200.– Kaltmiete Immobilien TRON, Tel. 06081/7450

1 Fam.-Hs., Hofheim, 135 m², Frankfurt 20 km, DM 1.200,– + NK u. Kt. Klopprogge Immobilien, Tel. 06192/8077 (2)

Bungalows

Bungalow, 4 Zi., Küche, 2 Bäder, wertvoll exkl. möbliert, 170 m² Wfl., sof., DM 4.000,–, Zuschriften unter FR 300604 (1)

Bungalow in Nidda, sehr exkl. mit gr. Schwimmhalle usw. DM 5.000,– **Bartel + Kleinath GmbH + Co. KG.** Immobilien 590522/590864

Glashütten/Ts., 1 Fam.-Bungalow von Priv. zu verm., 4 Zi., Diele, Küche, Bad, 2 WC, 120 m² Wfl., Tel. 63784 (2)

Frankfurt, 3 Zi., 96 m² Wfl., Du., WC, ca. 50 m² Terr., Garten, Garage, DM 1.500,– + KT./NK. Tel. 0611/316317

Zi = Zimmer

Wfl. = Wohnfläche

1 Fam.-Hs. = Einfamilienhaus

2-ZW = 2-Zimmer-Wohnung

NK = Nebenkosten

Kt. = Kaution

	Wo?	Wieviel Zimmer?	Wie groß?	Wie teuer?
Wohnung 1	Frankfurt	2	69 m²	430,– DM
Wohnung 2				
Haus 1				
Haus 2				
Bungalow 1	–	4, 1 Küche, 2 Bäder	170 m²	4000,– DM
Bungalow 2				
Zimmer 1				
Zimmer 2				

Beschreiben Sie:
Die Wohnung 1 liegt in Frankfurt/Main und hat 2 Zimmer.
Sie ist 69 m² (Quadratmeter) groß und kostet 430,– DM (Mark).

Die Wohnung ... liegt in ... und hat ...
Das Haus ...
Der Bungalow ...
Das Zimmer ...

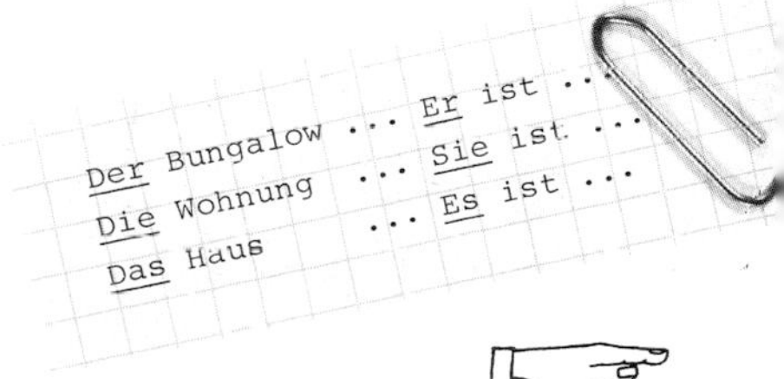

S. 128, 2

B3

Wohnen in der Bundesrepublik Deutschland

2

Land	Währung	Ankauf 7.9.82	Verkauf 7.9.82
Australien	1 A $	2,250	2,500
Belgien	100 bfrs	4,800	5,050
Dänemark	100 dkr	27,250	29,250
England	1 £ stg	4,230	4,380
Irland	1 £	3,350	3,550
Finnland	100 Fmk	50,750	52,750
Frankreich	100 FF	34,500	36,500
Griechenland	100 Dr	3,000	4,000
Japan	100 Yen	0,900	0,990
Italien	1000 Lit	1,740	1,840
Jugoslawien	100 Din	3,600	4,600
Kanada	1 can $	1,950	2,050
Luxemburg	100 lfr	4,800	5,050
Niederlande	100 hfl	90,000	92,000
Norwegen	100 nkr	35,000	37,000
Österreich	100 ÖS	14,130	14,360
Portugal	100 Esc	1,500	3,000
Schweden	100 skr	39,000	41,000
Schweiz	100 sfrs	116,250	119,250
Spanien	Ptas	2,130	2,280
Türkei	100 T £	1,100	2,000
U.S.A.	1 US $	2,430	2,530
Goldmünzen			

+ zuzüglich derz. MWST

RDM Preisspiegel für Wohnungsmieten
(Stand Frühjahr 1982)

A. Großstädte über 500 000 Einwohner

	Altbau DM/m²	Neubau DM/m²
Berlin	3	12–14
Hamburg	8	13
München	8	12
Köln	5	7–9
Bremen	5–6	8,5–9
Hannover	5–6,5	8–10
Nürnberg	4,5	8
Essen	6	8,5

B. Großstädte unter 500 000 Einwohner

	Altbau DM/m²	Neubau DM/m²
Kassel	4,5–5,5	6–6,5
Flensburg	6,5	8
Würzburg	3,5	6,5–7
Bonn	7	9–12
Oldenburg	4,5	7
Lübeck	6–7	9
Friedrichshaf.	3,5	6
Freiburg	5,2	6,3

RDM = Ring deutscher Makler

1. Wo ist Wohnen teuer/billig?
2. Wieviel kostet eine Altbauwohnung mit 80 m² in München, Würzburg, Essen, ...?
3. Wieviel kostet eine Neubauwohnung mit 80 m² in München, ...?
4. Wieviel ist das in £, US $, ...?

Zahlen 100 – 1 000 000

100: (ein)hundert
200: zweihundert
300: dreihundert
321: dreihundert-einundzwanzig

400: ...
500: ...
600: ...
685: sechshundert-fünfundachtzig
700: ...
800: ...
900: ...
933: ...

1000: (ein)tausend
2000: ...
3000: ...
3277: ...
4000

10 000: zehntausend
100 000: hunderttausend
1 000 000: eine Million
2 000 000: zwei Millionen
2 536 842: ...

S. 128, 2

2 Zi-Whg., Bad, ruh. Lage
Tel.: 968583, 16-18 Uhr

○ Koch. Guten Tag.
Die Wohnung in der Zeitung, ist die noch frei?

□ Ja.
○ Prima, wie groß ist die Wohnung denn?
□ 62 Quadratmeter.
○ Aha. Und was kostet sie?
□ 480,– Mark.
○ Und wo liegt die Wohnung?
□ In Altona, Bachstraße 5.
○ Gut.
Ich möchte sofort kommen.
Geht das?
□ Ja. Aber drei Leute sind schon hier.

□ Nein. Sie ist leider schon weg.
○ Oh schade.
Vielen Dank.
Auf Wiederhören.

Der Bungalow kostet ... Der/Er ist ...
Die Wohnung ist ... Die/Sie ist ...
Das Zimmer kostet ... Das/Es ist ...

○	Die Wohnung Das Haus Der Bungalow	in der Zeitung, ist	die das der	noch frei?

□ Ja.

○	Wie groß ist Wieviel Quadratmeter hat	die Wohnung? ...

□	62 ...	Quadratmeter.

○	Was kostet Wie teuer ist	sie? es? er?

□	480,– ...	Mark.

○ Wo liegt die Wohnung?
(Wie ist die Adresse?)

□ In Altona, Bachstraße 5.
(Altona, Bachstraße 5.)

S. 129, 4

Wir suchen ein neues Haus.
Wir haben eins in Bruchköbel.
Es liegt sehr schön. Es hat
fünf Zimmer: das sind 98 Quadratmeter.
Aber es kostet 1200,– DM.
Das ist sehr teuer,
ich verdiene nur 2900,– DM im Monat.
Ich arbeite in Frankfurt,
das ist 20 Kilometer von Bruchköbel.
Die Verkehrsverbindungen
– Bus, Bahn und auch Auto –
sind sehr schlecht.
Und dann gibt es hier nur
wenige Geschäfte.

5 Personen (3 Kinder)
2900,– DM pro Monat.
Herr Werner ist Automechaniker,
Frau Werner ist Hausfrau.

Was ist für Herrn Werner

positiv (+)	negativ (–)?
liegt sehr schön	. . .
. . .	. . .

Wir wohnen in Frankfurt,
in Sachsenhausen.
Die Wohnung ist schön
und nicht zu teuer.
Sie ist aber sehr klein,
nur drei Zimmer.
Hier ist zwar alles nicht weit,
Schule, Geschäfte, Kinos und so weiter.
Aber die Wohnung ist leider sehr laut,
sie liegt direkt
im Stadtzentrum.

Was ist für Frau Krause

positiv (+)	negativ (–)?
nicht teuer	. . .
. . .	. . .

3 Personen (1 Kind)
4300,– DM pro Monat.
Herr und Frau Krause arbeiten beide.
Sie ist Lehrerin, er ist Ingenieur.

Suchen Sie eine neue Wohnung oder ein Haus für Familie Werner und Familie Krause.
Lesen Sie die Anzeigen auf S. 37.

Wohnungssuche

1. Hören Sie Dialog 1, und ergänzen Sie dann den Text.

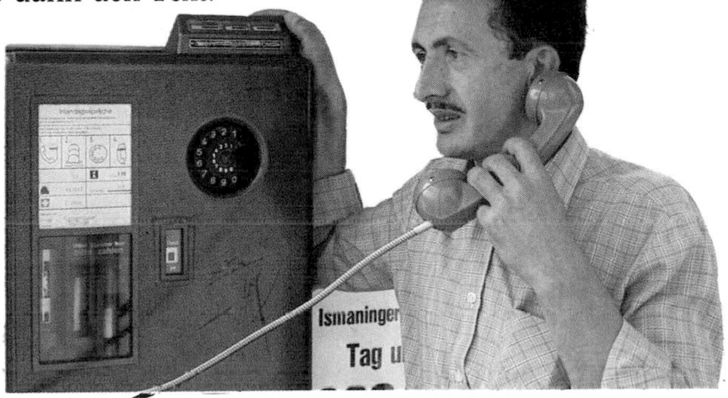

Herr Andoljsek möchte . . . mieten.
Frau Pohl hat ein . . . frei.
Es kostet . . . DM.
Herr Andoljsek ist . . . von Beruf.
Er kommt aus . . .

Er bekommt das Zimmer nicht.
Warum nicht? . . .

2. Hören Sie Dialog 2, und beantworten Sie dann:
   Was ist richtig? (r) / Was ist falsch? (f) / Ich weiß nicht. (?)

   a) Das Zimmer ist schon weg.
   b) Die Möbel sind alle neu.
   c) Das Zimmer hat keine Dusche.
   d) Das Haus liegt ruhig.
   e) Das Zimmer ist sehr billig.
   f) Das Zimmer ist schön groß und hell.
   g) Das Zimmer kostet 260,– DM mit Nebenkosten.

3. Hören Sie Dialog 3, und beantworten Sie dann die Fragen:

   a) Ist das Zimmer noch frei?
   b) Wie groß ist das Zimmer?
   c) Wieviel kostet es?
   d) Ist das Haus neu?
   e) Wie ist das Zimmer?
   f) Wie heißt die Adresse?

Wohnen – alternativ

Herr Peißenberg (●) zeigt seinen Gästen (■ und ▲) die neue Wohnung.

● Hier ist die Küche, da schlafen wir.
■ Ach, Sie schlafen in der Küche?
▲ Wie interessant!
● Ja, wir schlafen immer in der Küche.
■ Und wo kochen Sie?
● Kochen?
Wir kochen natürlich
im Schlafzimmer.
▲ Was? – Sie kochen wirklich
im Schlafzimmer?
● Ja, natürlich.
■ Sehr interessant!

▲ Und das hier, das ist wohl das Bad?
● Ja, da wohnen wir.
■ Wie bitte? – Sie wohnen im Bad?
● Ja. Wir finden das sehr gemütlich.
■ Gemütlich, na ja.
Ich weiß nicht.
▲ Aber es ist sehr originell.

● Und hier das Wohnzimmer, da baden wir!
■ Was? Sie baden wirklich im Wohnzimmer?
● Ja, das ist so schön groß.
Wissen Sie, wir leben nun mal alternativ.
▲ Das stimmt.
● Wir möchten jetzt essen.
Sie essen doch mit?
■ Essen? Wo denn? O Gott, nein!
Ich habe leider keine Zeit.
▲ Ich leider auch nicht.
Auf Wiedersehen, und vielen Dank!

Essen und Trinken
das Obst
der Käse
die Wurst
die Kartoffeln
der Salat
die Milch
das Gemüse
der Reis
der Fisch
das Bier
das Glas
der Wein
das Wasser
die Butter
das Fleisch
das Ei
der Löffel
der Kuchen
das Brot
der Teller
die Gabel
das Messer

B1

	KARL MEINEN (Angestellter)	ANNA ZIRBEL (Rentnerin)
Frühstück	*zu Hause:* 1 Brötchen mit Marmelade und Butter, Kaffee	*zu Hause:* 2 Butterbrote mit Käse, Kaffee
Mittagessen	*in der Kantine:* 3 Käsebrote, 1 Cola	*zu Hause:* Rindfleischsuppe
Kaffee	*im Büro:* Kaffee	*im Café:* Tee und Kuchen
Abendessen	*zu Hause:* Kotelett, Kartoffeln und Gemüse, 1 Flasche Bier	*zu Hause:* 2 Wurstbrote, Milch

1. Was ißt Herr Meinen? Was ißt Frau Zirbel? Was ißt Herr Kunze?

S. 129, 1

a) Zum Frühstück ißt Herr Meinen ein Brötchen mit Butter und Marmelade.
Er trinkt Kaffee.
Zum Mittagessen ißt er drei Käsebrote und trinkt eine Cola.
Später trinkt Herr Meinen einen Kaffee.
Zum Abendessen ißt er ein Kotelett, Kartoffeln und Gemüse und trinkt eine Flasche Bier.

Nom.
ein (der) Salat
eine (die) Suppe
ein (das) Brot

Akk.
Er ißt | einen Salat.
| eine Suppe.
| ein Brot.

b) Zum Frühstück ißt Frau Zirbel ... Sie trinkt ...
Zum Mittagessen ißt sie ... Sie trinkt ...
Später ...
Zum Abendessen ißt sie ...

c) Zum Frühstück ißt Herr Kunze ... Zum Mittagessen ißt er ...

2. Und was essen Sie?

S. 130, 2 + 131, 4

Zum Frühstück esse ich ... Ich trinke ...

BERNHARD KUNZE (Student)

zu Hause:
nichts

in der Universität: Salat

im Schnellimbiß:
Kaffee,
1 Brötchen

zu Hause:
Brot mit Wurst und Käse,
Mineralwasser

3. Essen Sie Kotelett?

● Essen | Trinken — Sie (gerne) — Kotelett? | . . .

■ — Ja, sehr gern.
— Nein, das | . . . — ist zu — fett. Ich | . . . — esse | trinke — lieber — Hähnchen. | . . .

Kotelett fett	Wein sauer	Kuchen süß	Gulaschsuppe scharf	Campari bitter
Hähnchen	Bier	Obst	Rindfleischsuppe	Sherry

4. Ißt man bei Ihnen viel . . .?

● Ißt | Trinkt — man bei Ihnen viel — Kartoffeln? | Milch? | . . .

■ — Ja.
— Nein, aber man — ißt | trinkt — viel . . .

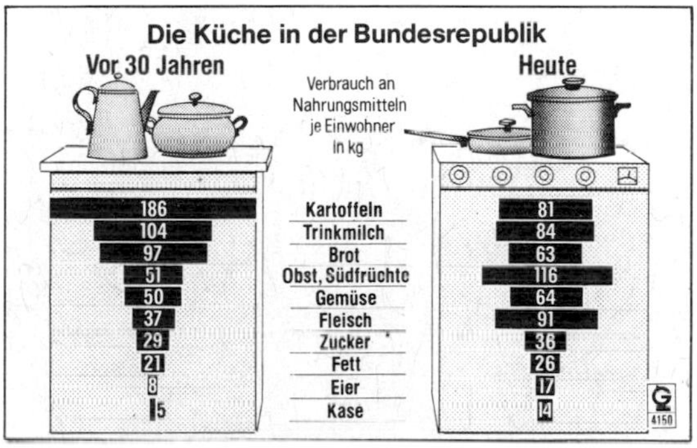

1

Kalte Vorspeisen

Matjesfilet »Nordisch« mit Speckkartoffeln	7,75
Käseteller mit Butter und Radieschen	9,50
Roher Schinken, Bauernbrot und Butter	7,50
Schinkenplatte gekocht	10,50

Warme Vorspeisen

Gemüsesuppe	3,–
Bayerische Leberknödelsuppe	4,–
Französische Zwiebelsuppe	4,50
Rindfleischsuppe	3,50

Hauptgerichte

Vom Rind

Rheinischer Sauerbraten mit Kartoffeln und Rotkohl	11,–
Mexikanisches Rindersteak, mit grüner Pfefferrahmsauce, pommes frites u. gem. Salat	14,–
Kalbsrahmbraten mit Spätzle und Salatteller	14,50
Kalbsgeschnetzeltes »Züricher Art« mit frischen Champignons, Sahne, Eierspätzle	16,75

Vom Schwein

Bayerische Schweinshaxe mit Kartoffelkloß und Speckkrautsalat	12,–
Niederbayerischer Schweinebraten mit Kartoffelknödel und Salat	13,50

Fisch

Forelle Müllerin mit Kräuterbutter, Salzkartoffeln und Salatteller	11,–
Ganze Nordseescholle »Finkenwerder Art« mit Speck und Zwiebeln, Kräuterkartoffeln	16,50

Salate

Kleiner bunter Salatteller	3,50
Großer Salatteller mit gekochtem Schinken und Ei	9,–

Dessert

Vanilleeis mit heißen Himbeeren, Schlagsahne	5,–
Gemischter Eisbecher	3,–
Schokoladenpudding mit Vanillesauce	3,20

Getränke

Coca-Cola, Fanta 0,3 l	1,50
Apfelsaft	1,50
Mineralwasser	1,50
Exportbier 0,5 l	2,80
Frankenwein 0,2 l	4,80

1. Welche Wörter kennen Sie?
2. Welche Gerichte kennen Sie?
3. Was gibt es auch in Ihrem Land?
   Was gibt es bei Ihnen nicht?
4. Was möchten Sie essen?

   Und was möchten Sie trinken?

Vorspeise: Gemüsesuppe, . . .
Hauptgericht: Rindersteak, . . .
Nachtisch: Vanilleeis, . . .
Getränk: . . .

5. Ordnen Sie zu:

Schweinefleisch	Rindfleisch	Kalbfleisch	Fisch
Schweinefilets	. . .	. . .	. . .
. . .	. . .	. . .	. . .

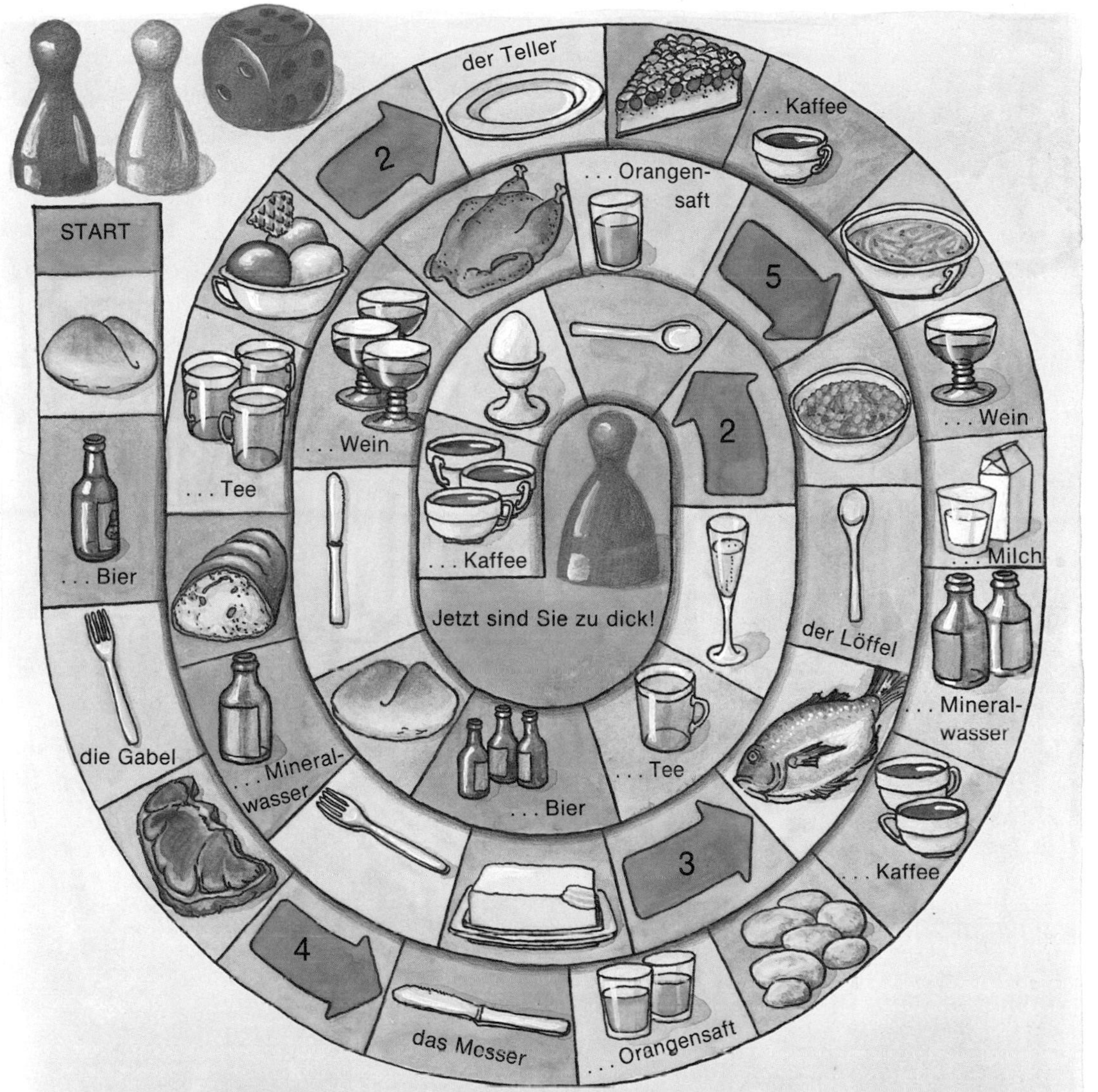

Sie sind hier. Sagen Sie:
„Das ist ein Brötchen."

ein Glas Wein –
3 Gläser Wein

eine Flasche Bier –
2 Flaschen Bier

eine Tasse Kaffee –
2 Tassen Kaffee

S. 131, 3

- ● Wir möchten gern bestellen.
- ■ Bitte, was bekommen Sie?
- ● Ich nehme eine Gemüsesuppe und einen Salatteller.
- ■ Und was trinken Sie?
- ● Ein Glas Weißwein.
- ■ Und Sie?
- ▲ Ein Steak bitte. Aber keine Pommes frites, lieber Reis. Geht das?
- ■ Ja, natürlich! Und was möchten Sie trinken?
- ▲ Einen Apfelsaft.

Nom.	Akk.
ein	– ich nehme einen Salatteller.
eine	– ich nehme eine Suppe.
ein	– ich nehme ein Hähnchen.

○

Wir möchten	gern	bestellen.
Ich möchte		

□ Bitte, was bekommen Sie?
(Bitte schön?)

○

Ich	nehme	eine Gemüsesuppe.
	möchte	...
Ich	nehme	ein Bier.
	möchte	...

□ Und was trinken Sie?
(Und was möchten Sie trinken?)
Und was essen Sie?
(Und was möchten Sie essen?)

○

Ich	möchte	ein Glas	Rotwein.
	nehme	eine Tasse	...
Ich	möchte	ein Kotelett.	
	nehme	...	

□ Und Sie?

(Und was	möchten	Sie?)
	bekommen	

△

Ein	Steak bitte.	
...	...	
Aber keine	Pommes frites, lieber	Reis.
	...	...
Geht das?		

□ Ja, natürlich.
(Natürlich.)
(Nein, leider nicht.)

S. 130

○ Wir möchten bezahlen.
■ Zusammen oder getrennt?

○ Getrennt bitte.
■ Und was bezahlen Sie?
○ Die Forelle und den Wein.
■ Das macht 19,50 DM.
▲ Und ich bezahle das Schinkenbrot und den Apfelsaft.
■ Das macht 9,30 DM.

○ Zusammen.
■ Das macht 28,80 DM.

	Akk.
Ich bezahle	den Apfelsaft.
	die Roulade.
	das Käsebrot.

1. Herr Ober, ich bekomme . . .

○ Herr Ober,
ich bekomme kein Käsebrot,
sondern ein Kotelett.
■ Oh, entschuldigen Sie.

S. 130, 2b

2. Herr Ober . . .!

○ Herr Ober, das Fleisch ist kalt!
■ Oh, entschuldigen Sie.

Fleisch	Brot	Schweinebraten	Milch	Kuchen	Ei	. . .
kalt	alt	zu fett	sauer	nicht frisch	kalt	. . .

3. Was bezahlen Sie?

○ Ich bezahle . . .

5

ADDI - Preisinformationen

sind zuverlässige Wegweiser für den günstigen Einkauf.

MILFINA H-Schlagsahne 30 % Fettgehalt 0,2-l-Tetrabrik-Pack. **-,95**
Hochland Schmelzkäse-Scheibli Holländer, Chester, Emmentaler 45 % Fett i. Tr. je 200-g-Pack. **1,79**
MILFINA Erntebecher fettarmer Joghurt mit versch. Früchten 250-g-Becher **-,69**
BELLASAN Sonnenblumen-Margarine 500-g-Becher **1,39**
MILFINA H-Vollmilch 3,5 % Fettgehalt 1-l-Tetrabrik-Pack. **-,95**
Maiskeimöl 0,5-Liter-Flasche **1,59**
Knäckebrot 250-g-Packung **-,69**

Papier-Taschentücher 6 x 10 Stück Packung **-,79**
Deutscher Sekt SCHLOSS AUERBACH trocken 0,75-l-Flasche **5,29**
Französischer Land-Rotwein Le Rouge 1-l-Flasche **2,79**
KARLSKRONE Edel-Pils 0,33-l-Dose **-,49**
Pepsi-Cola 0,33-Liter-Dose **-,42**
Orangensaft 1-l-Tetrabrik-Packung **-,99**
ALBRECHT KAFFEE extra besonders aromareich, gemahlen 500-g-Vacuum-Dose **8,49**
TANDIL Vollwaschmittel 3-kg-Tragepackung **5,98**

Langkorn-Spitzenreis 2 Kochbeutel à 125-g-Pack. **-,59**
Nudeln versch. Sorten je 500-g-Paket **-,79**
Zucker 1000-g-Packung **1,69**
Weizenmehl Type 405 1000-g-Packung **-,89**
Serbische Bohnensuppe 850-ml-Dose **1,79**
Geschälte ganze Tomaten 425-ml-Dose **-,49**
Champignons I. Wahl 425-ml-Dose **1,99**
Thunfisch in Dressingsauce mit Gemüsebeilage 210-ml-Dose **1,19**
VITA-Marmelade Aprikose je 450-g-Glas **1,39**

Was brauchen wir noch?

● Was brauchen wir noch?
■ Milch.
● Und wieviel?
■ Zwei Packungen.

2x Milch
1x Vita Marmelade
4x Joghurt
2x Orangensaft
8x Bier
3x Champignons
1x Reis

```
-- ADDI --

05-07-83

2 ...    1.90
1 ...    1.39
4 ...    2.76
2 ...    1.98
8 ...    3.92
3 ...    5.97
1 ...    0.59

*  18.51 TL
```

2 Packungen Milch
1 Glas Marmelade
4 Becher Joghurt
2 l Orangensaft
?
?
?

```
-- ADDI --

10-09-83

2 ...    2.78
2 ...    3.18
3 ...    2.85
4 ...    7.16
1 ...    5.29
5 ...    3.45
2 ...    1.38

*  25.89 TL
```

```
-- ADDI --

04-05-83

2 ...    3.58
3 ...    4.17
4 ...    1.68
1 ...    1.19
5 ...    3.95
3 ...    1.47
1 ...    5.98
2 ...    1.18

*  23.20 TL
```

S. 129, 1

Das haben die beiden gekauft.

Und was hat Frau Berger, Herr Müller gekauft?

1. Schmeckt der Fisch?

● Schmeckt	der Fisch?		
	. . .		
■ Danke,	er	ist	phantastisch.
Ja,	. .	schmeckt	sehr gut.
			gut.

2. Nehmen Sie doch noch etwas!

● Nehmen Sie	doch noch etwas Fisch!
Nimm	. . .

■ Danke, gern.

■ Nein danke,	ich habe noch genug.
Danke,	ich bin satt.
	ich möchte nicht mehr.

S. 131,5

3. Was ist das?

● Das schmeckt	sehr gut.
	phantastisch.
	prima.

Was ist das?

■ Das ist Zwiebelhähnchen.
Das ist Hähnchen mit Zwiebeln.

Zwiebel-hähnchen	Strammer Max	Rouladen	Pfannkuchen	Gulasch
Hähnchen mit Zwiebeln	Brot mit Schinken und Ei	Rindfleisch mit Schinken, Gurke und Zwiebeln	Eier, Mehl und Milch	Rind- und Schweinefleisch mit Zwiebeln

B3

Einladung zum Essen

2

1. Hören Sie den Dialog.
2. Beurteilen Sie die folgenden Sätze:
   richtig (r) / falsch (f) / ich weiß nicht (?)

a) Die drei Freunde essen keine Vorspeise.
b) Sie trinken Bier.
c) Sie essen Salat als Vorspeise.
d) Sie trinken Wein.
e) Sie essen Kartoffeln.
f) Sie essen Schweinefleisch.
g) Sie trinken Kaffee zum Nachtisch.
h) Sie essen Obst als Nachtisch.
i) Sie essen Suppe.
j) Sie essen Hähnchen.

Probieren geht über studieren

Zwiebelhähnchen

(für 4 Personen)

* *

KOCH STUDIO

Das brauchen Sie:

2 Hähnchen (ca. 1½ Kilo),	Basilikum	
Salz, Pfeffer,	3 Löffel Öl	125 g Mandeln
Curry, Thymian,	½ Liter Fleischbrühe	Petersilie
	1½ Pfund Zwiebeln (rot)	1 Tasse Reis

* *

So kochen Sie:

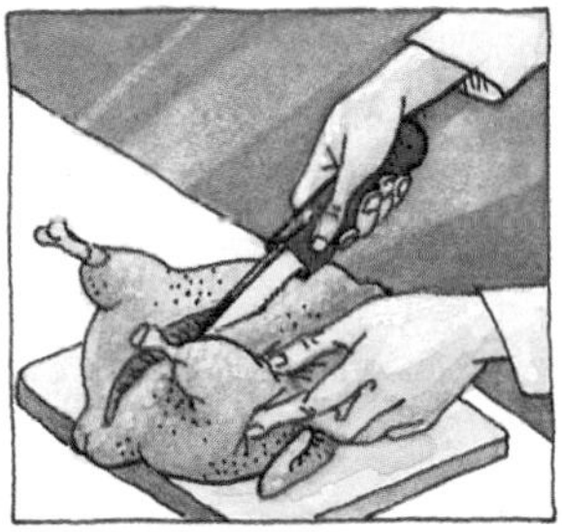

Die Hähnchen in Stücke schneiden.

Mit Salz, Pfeffer, Curry, Thymian und Basilikum würzen.

In Öl braten. Fleischbrühe dazugeben und 20 Minuten kochen.

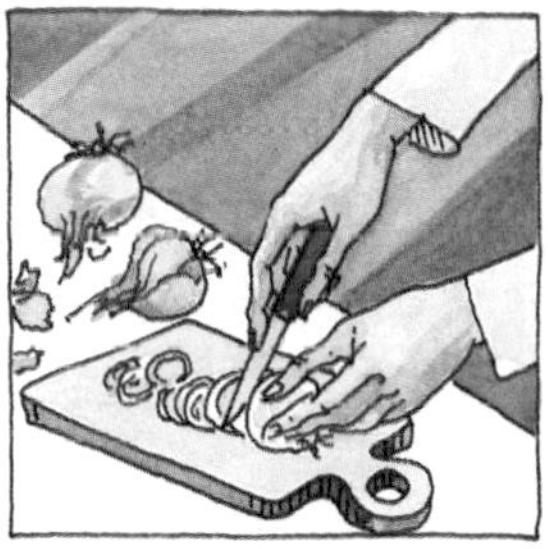

Zwiebeln schälen, klein schneiden und zu den Hähnchen geben, nochmal 10 Minuten kochen.

Mandeln in kleine Stücke schneiden. Das Essen mit Petersilie bestreuen.

Reis 20 Minuten in Salzwasser kochen. Reis und Hähnchen servieren.

Ein schwieriger Gast

○ Haben Sie Käse?
■ Ja.
○ Dann bitte ein Glas Käse.
■ Ein Glas Käse?
○ Ja.
■ Sie meinen: ein Stück Käse?
○ Nein, ich meine ein Glas Käse.
■ Entschuldigung, ein Glas Käse haben wir nicht.
○ Was haben Sie denn?
■ Kartoffelsalat, Würstchen, Kotelett, Schinken . . .
○ Gut, dann bitte ein Stück Kartoffelsalat.
■ Ein Stück Kartoffelsalat?
○ Ja.
■ Sie meinen: einen Teller Kartoffelsalat?
○ Nein, ich meine ein Stück Kartoffelsalat.
■ Tut mir leid, ein Stück Kartoffelsalat haben wir nicht.
○ Dann nicht. – Haben Sie was zu trinken?
■ Bier, Limonade, Wein, Sekt . . .
○ Gut. Dann bitte einen Teller Bier.
■ Einen Teller Bier?
○ Ja.
■ Sie meinen: ein Glas Bier?
○ Nein, ich meine einen Teller Bier.
■ Verzeihung, einen Teller Bier haben wir nicht.
○ Was haben Sie denn überhaupt?
■ Nun, wir haben zum Beispiel Käse, Omelett . . .
○ Gut, dann bitte ein Glas Käse . . .
■ . . .

Montag
Dienstag
Mittwoch
Donnerstag
Freitag
Samstag
Sonntag
Arbeiten ist leben.
Leben oder arbeiten?
Arbeiten und leben!
Leben, aber arbeiten.
Arbeiten? Lieber leben!
schreiben
putzen
Fußball spielen
fotografieren
fernsehen
lesen
Musik machen
Freunde treffen
bedienen
essen und trinken

Willkommen an Bord!
1
2
3
4
5
6
7
8
9
10
11

1. Wo ist was?

Deck 3, 5:	ein Schwimmbad, eine Bar
Deck 7:	ein Restaurant
Deck 6:	ein Café
Deck 4, 10:	ein Sport- und Fitnesszentrum
Deck 6–9:	Kabinen
Deck 6:	eine Bibliothek, ein Friseur, ein Geschäft
Deck 7:	eine Bank
Deck 8:	eine Küche
Deck 9:	eine Metzgerei
Deck 10:	ein Krankenhaus, ein Kino
Deck 11:	die Maschine

2. Was machen die Leute?

Auf Deck 5: Sie	trinken . . .
	machen Musik.
	treffen Leute.
	flirten.
	hören Musik.
	spielen.
	sprechen zusammen.
	gehen spazieren.
	bedienen Leute.
	. . .

3. Wo schwimmt jemand?

Wo	flirtet	jemand?	Auf Deck . . .
	schläft		
	arbeitet		
	bedient		
	ißt		
	trinkt		
	kocht		
	liest		
	tanzt		
	. . .		

4. Wo geht jemand spazieren?

Wo	kauft	jemand	ein?	Auf Deck . . .
	sieht		fern?	
	spielt		Tischtennis?	
	. . .		. . .	

S. 132, 1+2

B1

Arbeit und Freizeit

2

	Frank Michel, Kellner	Anne Hinkel, Krankenschwester	Klaus Berger, Koch	Frieda Still, Architektin

fünf Uhr	steht auf	steht auf	steht auf	schläft

sieben Uhr	fängt seine Arbeit an	macht Betten	holt Fleisch	schläft

halb zehn	bedient Frieda	bringt Medikamente	schneidet Fleisch und Kartoffeln	frühstückt

elf Uhr	räumt auf	bringt Essen	kocht Suppe	liest ein Buch

1. **Wann steht Frank Michel auf?**
   Um . . . Uhr.
   Wann steht . . . auf?

2. **Was macht Frank Michel um . . . Uhr?**
   Er bedient Frieda Still.
   Was macht . . .?

S. 133, 4 + 5

3. **Beschreiben Sie:**
   a) Frank Michel ist Kellner.
   Er steht um fünf Uhr auf.
   Um sieben Uhr fängt er seine Arbeit an.
   Um halb zehn bedient er Frieda Still.
   Um elf räumt er auf.
   Um . . .

Frank Michel, Kellner | Anne Hinkel, Krankenschwester | Klaus Berger, Koch | Frieda Still, Architektin

b) Anne Hinkel ist Krankenschwester.
Sie steht um fünf Uhr auf.
Um . . . Uhr macht sie Betten.
Um . . .

c) Um fünf Uhr schläft Frieda Still noch.
Da steht der Kellner auf.
Um sieben Uhr schläft Frieda Still auch noch.
Da macht die Krankenschwester die Betten.
. . .

B2

1

Was kann man hier machen?		Wann geöffnet?	Wo?
Discothek Jet-Dancing	tanzen, . . .	19.00–2.00 Uhr	Münsterstr. 55
Restaurant Mandarin			
Pfälzer Weinkeller			
Café Lug			
Tanz-Café Philoma			
Clochard			

Akk.

Wohin?
→ in den Weinkeller (der Weinkeller)
→ in die Discothek (die Discothek)
→ ins Café (das Café)
→ ins "Clochard"

S. 133, 5

○ Ich möchte mal wieder essen gehen. Kommst du mit?
□ Ja vielleicht. Wann denn?
○ Kannst du Montag abend?
□ Um wieviel Uhr?
○ So um acht.
□ Um acht? Tut mir leid, da kann ich nicht. Da muß ich arbeiten.
○ Und ...? Geht es da?
□ ...

S. 132, 3

○ Ich möchte	mal wieder nächste Woche ...	essen tanzen ins Kino (Theater/Konzert)	gehen.

Kommst du mit?
(Hast du Lust?)

□ Ja vielleicht. Wann denn?

○ Kannst du Hast du	Montag abend ...	? Zeit?

□ Um wieviel Uhr?
(Wann?)

○ So um acht.

□ Tut mir leid,	da kann ich nicht. da geht es nicht.

○ Und ...? Geht es Kannst du	da?

□ Da	muß ich arbeiten. möchte ...

(Ja, das geht.)

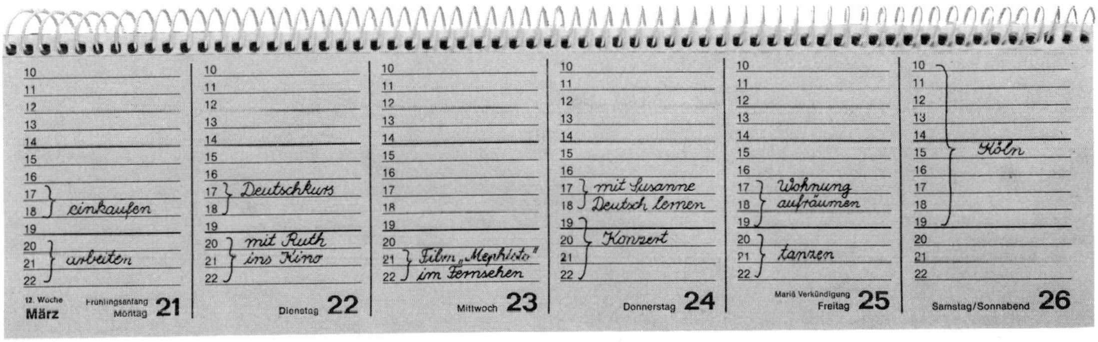

3

1. Was muß Frau Herbst alles machen?

Frau Herbst ist Buchhändlerin. Sie arbeitet 40 Stunden pro Woche.
Aber sie hat auch eine Familie. Was muß sie alles machen? Sie muß . . .

Ein Freund möchte mit Frau Herbst
- um 10.00 Uhr einkaufen gehen,
- um 13.00 Uhr Mittagessen gehen,
- um 14.00 Uhr schwimmen gehen,
- um 18.00 Uhr spazierengehen,
- um 19.00 Uhr ins Kino gehen,
- um 21.00 Uhr essen gehen.

Was sagt Frau Herbst?
- Tut mir leid. Da kann ich nicht. Da muß ich . . .
- . . .
- . . .
- . . .

2. Was kann man hier machen?

Man kann . . .

An der Isar in München

- Kinderspielplatz
- Tischtennis
- Bodenschach
- Kiosk
- Ballspielplatz
- Rodelhügel
- Parkplatz
- Grillplatz
- Spiel- und Freizeitzentrum
- Skilanglauf
- Gaststätte
- Radweg
- Bademöglichkeit

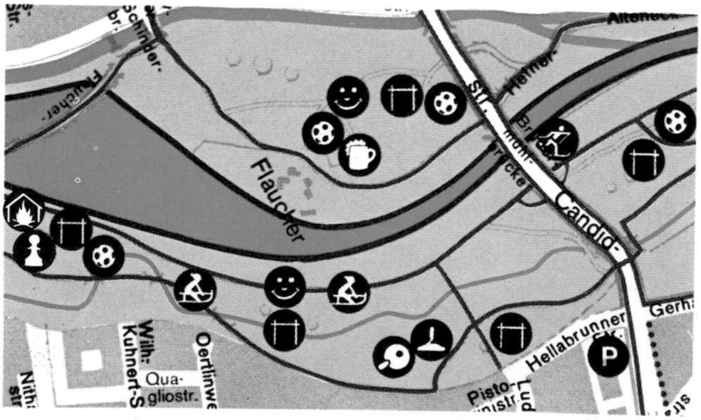

Tischtennis spielen – rodeln – laufen – Skilanglauf machen – radfahren – Schach spielen – Ball spielen – parken – grillen – spazierengehen – schwimmen – einkaufen – essen und trinken

3. Wir müssen gehen.

- ○ Komm, wir müssen gehen!
  Das Kino fängt um neun Uhr an.
  - □ Wir haben noch Zeit.
    Es ist erst Viertel nach acht.
- ○ Ach ja, richtig.

4

Und was macht Birgit heute abend?

1. Hören Sie den Dialog.
2. Hören Sie den Dialog noch einmal, und sehen Sie den Terminkalender an.
   Vergleichen Sie:

	Was *sagt* Birgit?	Was *macht* Birgit?
Montag	Ich gehe ins Kino.	Sie geht ins Kino.
Dienstag	. . .	. . .
Mittwoch	. . .	
Donnerstag		
Freitag		
Samstag		

Das Institut für Arbeitsmarkt- und Berufsforschung fragte Deutsche:

Wieviele Stunden in der Woche möchten Sie arbeiten?		
Antwort:		
	1962	1980
40 Stunden	44 %	12 %
35 Stunden	56 %	88 %

a) Wie viele Stunden in der Woche arbeiten SIE?
b) Und wie viele Stunden in der Woche möchten Sie arbeiten?

Das Institut Allensbach fragte Leute in verschiedenen Ländern:

Berufsstolz

Frage: „Sind Sie stolz auf Ihre Arbeit, Ihren Beruf? Was antworten Sie?"

	USA	England	Japan	Deutschl.	Frankr.	Italien	Spanien	Holland	Belgien
	in Prozent								
„Sehr stolz"	84	79	37	15	13	29	42	19	30
„Etwas stolz"	14	18	44	38	46	43	41	55	47
„Wenig stolz"	2	2	9	29	16	14	12	15	11
„Überhaupt nicht stolz"	–	1	3	11	17	12	2	4	6
„Weiß nicht"	–	–	7	7	8	2	3	7	6
	100	100	100	100	100	100	100	100	100

a) Vergleichen Sie die Meinung der Deutschen mit der in USA, England, . . . und der in Ihrem Land.
b) Wie beantworten SIE die Frage?

Sind die Deutschen faul?

- Ein Japaner arbeitet 2114 Stunden im Jahr, ein Deutscher 1700 Stunden.
- Ein Japaner arbeitet fünfeinhalb bis sechs Tage in der Woche, ein Deutscher knapp fünf.
- Ein Japaner hat höchstens 20 Arbeitstage Urlaub im Jahr, ein Deutscher ungefähr 30 Arbeitstage.
- In einem japanischen Betrieb sind im Schnitt zwei bis drei Prozent der Mitarbeiter krank, in einem deutschen ständig zehn bis zwölf.

	Japan	Bundesrepublik	Ihr Land
Arbeitsstunden pro Jahr	2114		
Arbeitstage pro Woche			
Urlaubstage pro Jahr			
Kranke Arbeitnehmer			

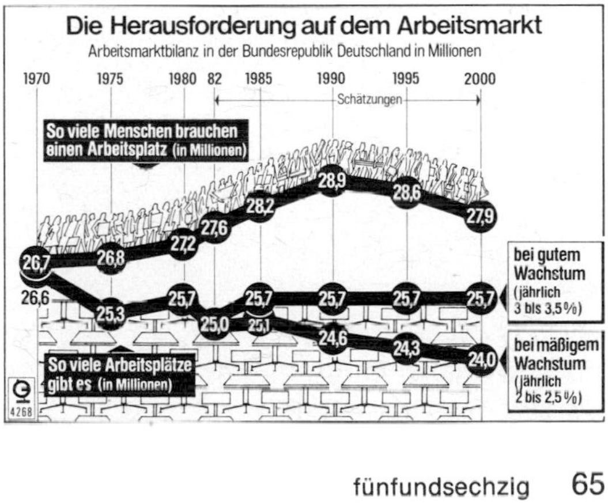

Und wie ist die Situation in Ihrem Land?

Feierabend

● Und was machen wir heute abend?
□ Hm. – Hast du eine Idee?
● Ich schlage vor, wir gehen mal ins Kino.
□ Kino. – Ich weiß nicht.
● Oder hast du keine Lust?
□ Ich schlage vor, wir gehen mal ins Theater.
● Theater. – Ich weiß nicht.
□ Oder hast du keine Lust?
● Ich schlage vor, wir gehen mal ins Kabarett.
□ Kabarett. – Ich weiß nicht.
● Oder hast du keine Lust?
□ Ich schlage vor, wir gehen mal ins Konzert.
● Konzert. – Ich weiß nicht.
□ Oder hast du keine Lust?
● Offen gesagt – nicht so sehr.
□ Ja, dann.
● Ach, weißt du was: wir bleiben heute mal zu Hause.
□ Wie immer!
● Und sehen fern.
Das kostet wenigstens nichts.

Wir Macher

ich mache Sport
du machst Yoga
er macht Politik
sie macht Theater
wir alle machen Fehler
ihr alle macht Dummheiten
sie alle machen Quatsch

„Deutschland" von einem japanischen Schüler aus Toyohashi

B1 Alles falsch!

Bilder und Texte – was paßt zusammen?

A

② Das ist das Schloß Neuschwanstein. Es ist eine Attraktion für Touristen aus aller Welt.

B

C

① Das Ruhrgebiet ist ein Industriezentrum. Dort leben und arbeiten 8,5 Millionen Menschen.

E

D

③ Frühling, Sommer, Herbst und Winter: Der Schwarzwald ist immer schön. Der Winter ist hier besonders romantisch.

④ Ein deutsches Märchen heißt „Die Bremer Stadtmusikanten": Vier Tiere wandern nach Bremen. Darum sind sie jetzt das Symbol der Stadt Bremen.

⑧ Der Rhein ist heute eine internationale Wasserstraße. Er fließt durch die Schweiz, die Bundesrepublik Deutschland und Holland.

G

⑤ Viele Deutsche fahren im Urlaub in die Alpen. Aber nicht alle steigen auf die Zugspitze, den höchsten deutschen Berg (2964 m).

F

⑥ Das ist der Kölner Dom, eine typisch gotische Kirche. Sie ist die größte in Deutschland.

H

⑦ Sommer, Sonne, Urlaub: Tausende fahren an die Ostsee nach Travemünde, Grömitz oder Kiel.

Bild	A	B	C	D	E	F	G	H
Text								

S. 134, 3

1. Die Personen hier möchten Urlaub machen. Wohin fahren sie?

S. 134, 3

Herr Meier

- ☐ in die Alpen
- ☐ an die Ostsee
- ☐ an den Rhein

Herr Waxlhuber

- ☐ nach Berlin
- ☐ auf die Zugspitze
- ☐ ins Ruhrgebiet

Herr Carstens

- ☐ ins Ruhrgebiet
- ☐ an die Ostsee
- ☐ in den Schwarzwald

Herr Patterson

- ☐ nach Köln
- ☐ auf die Zugspitze
- ☐ in den Schwarzwald

Die Hexe

- ☐ nach Bremen
- ☐ auf den Kölner Dom
- ☐ auf den Brocken

Herr Jetter

- ☐ nach Bremen
- ☐ in die Alpen
- ☐ nach Holland

Wohin ... ?

Präposition + Akk.

auf / in / an } den Berg / die Stadt / das Wasser

! in / an + das = ins / ans

nach Hamburg
(Orts- und Ländernamen)

2. Eine Postkarte. Ergänzen Sie:

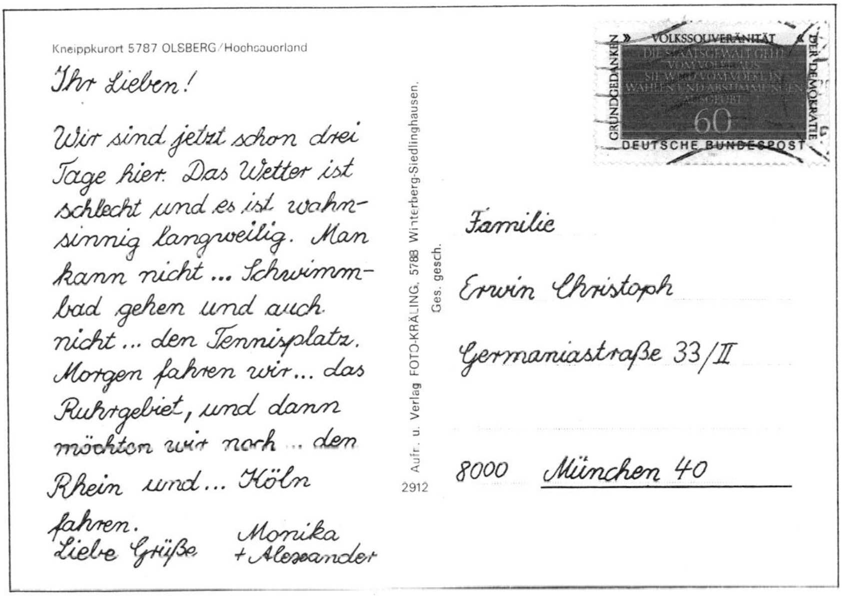

Kneippkurort 5787 OLSBERG/Hochsauerland

Ihr Lieben!

Wir sind jetzt schon drei Tage hier. Das Wetter ist schlecht und es ist wahnsinnig langweilig. Man kann nicht ... Schwimmbad gehen und auch nicht ... den Tennisplatz. Morgen fahren wir ... das Ruhrgebiet, und dann möchten wir noch ... den Rhein und ... Köln fahren.

Liebe Grüße Monika + Alexander

Familie
Erwin Christoph
Germaniastraße 33/II
8000 München 40

Aufn. u. Verlag FOTO-KRÄLING, 5788 Winterberg-Siedlinghausen.
Ges. gesch.
2912

SCHLOSSHOTEL WALTHER

FERNPASS-HOTEL

PENSION OASE

PENSION HUBERTUSHOF

SCHLOSSHOTEL WALTHER
Das neue Luxushotel liegt direkt im Zentrum der Stadt. Es hat 200 Zimmer. Alle Zimmer haben Blick auf die Donau. Die Zimmer sind klimatisiert. Das Hotel hat drei Restaurants, zwei Konferenzräume, Bar, Nachtclub. Eigene Garagen.

FERNPASS-HOTEL
Das Haus mit persönlicher Atmosphäre. Moderne Komforträume. Sehr gute österreichische Küche. Ruhige Lage. 30 Zimmer.

PENSION OASE
Ein Haus mit langer Tradition, besonders schöne und ruhige Lage mit herrlichem Blick auf die Stadt und das Waldviertel. Gemütliche Zimmer mit Bad, Dusche, Balkon. Am Abend können Sie kleine warme und kalte Speisen bekommen.

PENSION HUBERTUSHOF
In der schönsten und ruhigsten Lage von Linz. Alle Zimmer mit Bad oder Dusche, großer Garten, Parkplatz, 5 Min. vom Zentrum.

GASTHOF HUBER
Ruhige Lage am Wald, Trimm-Dich-Pfad.

FREILINGER FORELLENHOF
Gemütliche Zimmer mit Frühstück, 10 Min. vom Zentrum.

PRIVATZIMMER
1. Nist, Wolfgang
   Zentrale, aber ruhige Lage, Frühstück.
2. Hofmann, Hans
   Alle Zimmer mit Dusche und Balkon, Tischtennis.
3. Lintner, Hermann
   Kinderspielplatz

CAMPINGPLATZ
3 km vom Zentrum, an der Donau, Schwimmbad 5 Min.

Luxus-Hotel
internationale Küche
hervorragende Küche
ruhig
besonders ruhig

Preise pro Person

Schloßhotel	–	630	–	420
Fernpaß-Hotel	200-270	350-500	250	270-410
Oase	–	300-340	–	220-250
Hubertushof	150-180	180-220	130-160	160-180
Huber	120-130	–	110-120	–
Forellenhof	120	160	135	150
Nist, Wolfgang	110	–	90	–
Hofmann, Hans	100	–	90	–
Lintner, Hermann	85	–	75	–

1 Welchen Gasthof, welches Hotel, welche Pension möchten Sie nehmen?

	Komparativ	Superlativ
ruhig,	ruhiger,	am ruhigsten
billig,	billiger,	am billigsten
groß,	größer,	am größten
gut,	besser,	am besten

S. 134, 4a
+ 135, 4b

S. 133, 1

● Wir suchen ein Doppelzimmer für ungefähr 600 Schilling. Können Sie etwas empfehlen?

□ Ja, da haben wir das Schloßhotel. Das Doppelzimmer kostet 840 Schilling.

● 840 Schilling, das ist zu teuer.

□ Dann gibt es noch die Pension Oase. Die ist billiger. 500 Schilling.

●

- Mit oder ohne Frühstück?
- Mit Bad oder Dusche?
- Liegt das Hotel / die Pension / der Gasthof ruhig? / zentral?
- Wie weit ist es zum Zentrum?
- Kann man da auch essen?
- Hat das Zimmer einen Balkon?

Gut, das Zimmer nehmen wir.

Wir suchen	ein Doppelzimmer
Ich suche	ein Einzelzimmer

○ für ungefähr . . . Schilling. / möglichst zentral. / möglichst ruhig.

Können Sie etwas empfehlen?

Da	haben wir	das Hotel . . .
	gibt es	die Pension . . .
		den Gasthof . . .

Das	Doppelzimmer	kostet . . . Schilling.
	Einzelzimmer	

□

(Das	liegt	zentral,	nur 5 Min. zum Zentrum.
Die	ist		direkt im Zentrum.)
Der			

(Das	liegt sehr ruhig.)
Die	
Der	

. . . Schilling.	Das ist zu teuer.
○ (Direkt im Zentrum.	Das ist zu laut.)
(5 Kilometer zum Zentrum.	Das ist zu weit.)

□

Dann	gibt es noch	die Pension . . .
	haben wir noch	das Hotel . . .
		den Gasthof . . .

Die	ist billiger.	Nur . . . Schilling.
Das	ist ruhiger.	
Der	liegt zentraler.	

B2

3

1. Welchen Gasthof können Sie empfehlen?

S. 135, 4 b + 5

- ● Welchen Gasthof / Welche Pension / Welches Hotel | können Sie empfehlen?
  - ■ Den Gasthof Eden.
- ● Und warum nicht die Pension Berghof?
  - ■ Der Gasthof Eden ist billiger.

Gasthof Eden 1 Zi. = 40,– DM billig	*Gasthof Stern* im Zentrum zentral	*Hotel Jägerhof*  modern	*Hotel Waldhaus* 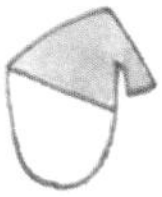 ruhig	*Hotel Alte Krone*  schön	*Gasthof Neuwirt*  klein
Pension Berghof 80,– DM	*Pension Schröder* 12 km zum Zentrum	*Hotel Berlin* 	*Gasthof Schell* Zentrum	*Pension Gudrun* 	*Hotel zum Bären* 

2. Wohin fahren Sie?

S. 135, 4 b

- ● Wohin fahren Sie dieses Jahr? Wieder in den Taunus?
  - □ Nein, nach Österreich, ins Salzkammergut. Das ist schöner.

(der) Taunus *(das) Salzkammergut* schön	*(die) Nordsee* *(der) Wörthersee* warm	*(der) Harz* *(das) Waldviertel* billig
(der) Chiemsee *(die) Steiermark* wenig Touristen	*(das) Sauerland* *(die) Wachau* Essen gut	*(der) Schwarzwald* *(die) Tauern* Wetter gut

Verkehrsmittel in der Bundesrepublik Deutschland

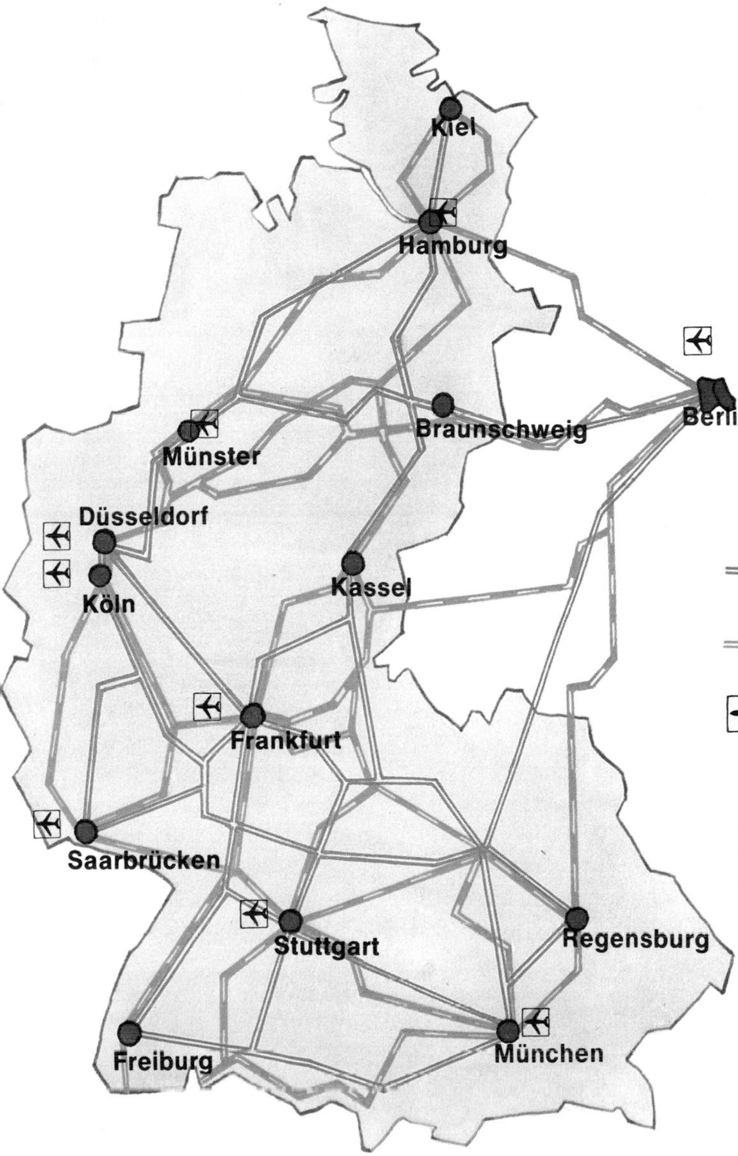

= Autobahn

= Eisenbahn

= Flughafen

Berlin	Düsseldorf	Frankfurt/M.	Hamburg	Kiel	Köln	München	Münster	Regensburg	Saarbrücken	Stuttgart	Straßen-kilometer
	572	555	289	370	569	584	466	499	745	624	Berlin
572		232	427	520	47	621	135	558	332	419	Düsseldorf
555	232		495	588	189	395	326	332	202	217	Frankfurt/M.
289	427	495		93	422	782	271	719	685	700	Hamburg
370	520	588	93		515	875	364	812	778	793	Kiel
569	47	189	422	515		578	150	515	289	376	Köln
584	621	395	782	875	578		715	120	431	220	München
466	135	326	271	364	150	715		652	426	513	Münster
499	558	332	719	812	515	120	652		505	289	Regensburg
795	332	202	685	778	289	431	426	505		226	Saarbrücken
624	419	217	700	793	376	220	513	289	226		Stuttgart

Berlin	Düsseldorf	Frankfurt/M.	Hamburg	Kiel	Köln	München	Münster	Regensburg	Saarbrücken	Stuttgart	Bahn-kilometer
	572	547	298	374	612	699	472	596	756	698	Berlin
572		264	423	532	57	674	127	601	318	437	Düsseldorf
547	264		539	648	222	423	385	339	204	207	Frankfurt/M.
298	423	539		109	463	820	291	747	743	727	Hamburg
374	532	648	109		572	929	400	856	852	836	Kiel
612	57	222	463	572		634	163	563	277	397	Köln
699	674	423	820	929	634		796	139	485	154	München
472	127	385	291	400	163	796		724	440	560	Münster
596	601	339	747	856	563	139	724		536	299	Regensburg
756	318	204	743	852	277	485	440	536		245	Saarbrücken
698	437	207	727	836	397	154	560	299	245		Stuttgart

1. Wie weit ist es von | Köln | nach | München?
   | ... | | ...

   Das sind ... (Bahn-/Straßen-)kilometer.

2. Wie kommt man von ... nach ...?

   Kann man | das Auto / die Bahn / das Flugzeug | nehmen?

2

Stuttgart – Regensburg

	km 299	15 →		Regensburg	
	ab	Zug		an	Bemerkungen
9	3.17	D	897	8.30	U Augsburg E
9	6.34	E	3193	10.25	U Donauwörth
	7.04	D	953	10.59	U Nürnberg IC
	8.05	D	855	12.15	U Nürnberg E
	9.47	E	3071	14.07	U Nürnberg D
	9.57	IC	511	14.06	U München D
	10.25	D	285	14.53	U München
	10.57	IC	597	14.53	U München D
	12.01	D	211	16.04	U Ulm E
	12.10	E	2855	16.42	U Nürnberg
12	14.10	E	3075	18.14	U Nürnberg
10	15.37	D	495	19.25	U Nürnberg E
	16.00	D	791	20.11	U Ulm E
8	16.19	E	3775	20.19	U Crailsheim
	16.57	IC	613	20.58	U München E
	17.04	E	3077	21.30	U Nürnberg

Stuttgart – Hamburg

	km 727	→		Hamburg Hbf	
	ab	Zug		an	Bemerkungen
14	7.03	IC	535	14.09	U Mannheim
	8.03	IC	616	15.09	U Mannheim
	9.03	IC	614	16.09	U Mannheim
	10.03	IC	690	17.09	
	11.03	IC	518	18.09	U Mannheim U Hannover
	12.03	IC	610	19.09	U Mannheim
	12.12	E	3006	20.29	U Karlsruhe D
15	13.03	IC	612	20.09	U Mannheim
	13.57	D	792	22.16	
	14.03	IC	516	21.09	U Mannheim
2	15.03	IC	598	22.09	
	16.03	IC	514	23.09	U Mannheim
2	17.03	IC	116	0.14	U Mannh U Hannov D
10	20.50	D	890	7.14	
●	21.07	D	898	6.24	U Frankfurt
11	23.34	D	262	7.59	U Karlsruhe

Hamburg Hbf – Kiel

	km 109		→		Kiel	
	ab	ab	Zug		an	Bemerkungen
	8.26	8.49	D	898	9.53	
	9.18		D	331	10.44	
		10.21	E	3514	11.25	
		11.40	D	924	12.41	
	12.14	12.40	IC	694	13.42	
		12.54	E	3518	14.09	
		13.49	E	3516	14.55	
	14.25		D	333	15.51	2)
	14.30	15.01	D	588	16.02	
		15.50	E	3522	16.56	
a ■		16.30	E	3526	17.37	
+		16.49	E	3528	17.54	
	16.51	17.10	E	2170	18.13	
	17.45		D	335	19.04	U Neumünster
b		18.57	E	3530	20.06	

Preise	Bahn (2. Klasse)	Flug	Auto*
Stuttgart - Regensburg	DM 50,-	-	104,40
Stuttgart - Kiel	140,-	290,- (Hamburg)	285,48

* 0,42 DM pro Kilometer

Nach/To/A	Hamburg			Fuhlsbüttel + 02:00	
1 2 3 4 5 6 –	06.45 – 07.55	LH 789	727	F/Y	Nonstop
1 2 3 4 5 – –	09.35 – 10.45	LH 790	737	F/Y	Nonstop
1 2 3 4 5 – –	15.15 – 16.30	LH 791	737	F/Y	Nonstop
– – – – – – 7	18.05 – 19.20	LH 792	737	F/Y	Nonstop
1 2 3 4 5 6 7	21.10 – 22.20	LH 261	737	F/Y	Nonstop
1 2 3 4 5 6 7	07.25 – 10.20	LH 745 /LH 762		F/Y	via FRA
– – – – – 6 –	08.15 – 10.45	LH 933 /LH 277		F/Y	via DUS
1 2 3 4 5 6 7	10.55 – 13.50	LH 746 /LH 765		F/Y	via FRA
1 2 3 4 5 6 7	12.55 – 15.15	LH 289 /LH 776		F/Y	via CGN
1 2 3 4 5 6 7	14.45 – 17.20	LH 747 /LH 768		F/Y	via FRA
1 2 3 4 5 – –	18.05 – 20.45	LH 932 /LH 785		F/Y	via DUS
1 – 3 – 5 – 7	18.45 – 21.05	LH 167 /LH 778		F/Y	via CGN
– 2 – 4 – – –	18.45 – 21.05	LH 177 /LH 778		F/Y	via CGN

1 = Montag, 2 = Dienstag, 3 = Mittwoch, 4 = Donnerstag,
5 = Freitag, 6 = Samstag, 7 = Sonntag

Via FRA = in Frankfurt umsteigen Via CGN = in Köln umsteigen
Via DUS = in Düsseldorf umsteigen

1. Wie kommt man von Stuttgart nach Regensburg? / Kiel?
   (Benutzen Sie die Karte auf S. 73.)
   Man kann . . . nehmen.
2. Wie lange dauert der Flug/die Bahnfahrt?
   Wo muß man umsteigen?
3. Was kostet der Flug/die Bahnfahrt/die Autofahrt?
4. Autofahrt, Bahnfahrt oder Flug von Stuttgart nach Regensburg (Kiel)? Diskutieren Sie die Vorteile (billiger, bequemer, schneller, kürzer, . . .)
   und die Nachteile (teurer, komplizierter, länger, anstrengender, . . .).

3

Am Stammtisch

1. Lesen Sie die folgenden Fragen:
   a) Wo ist Herr A?
   Wohin muß er fahren?
   b) Hat Münster einen Flughafen?
   c) Was sagen die Leute?
   Die Autofahrt ist billiger. Die Bahnfahrt ist . . . Der Flug ist . . .
   (schnell, bequem, teuer, kompliziert, anstrengend, billig . . .).
   d) Was nimmt Herr A:
   die Bahn, das Auto oder das Flugzeug?
   Warum?
2. Hören Sie dann das Gespräch.
3. Beantworten Sie die Fragen von Nr. 1.
4. Herr A nimmt . . .
   Finden Sie das richtig?

4

S. 135, 5

○ Ich möchte morgen nach Bremen | fahren. / fliegen.

■ Wann ungefähr?

○ Ich muß um 16 Uhr dort sein.

Welcher Zug ist am günstigsten?
(Welchen Zug kann ich nehmen?)
■ Der (den) um 8 Uhr 13.
Der kommt um 13 Uhr 19 in Bremen an.

Welche Maschine ist am günstigsten?
(Welche Maschine kann ich nehmen?)
■ Die um 13 Uhr 5.
Die kommt um . . . in Bremen an.

	Bremen 16^{00}		Düsseldorf 11^{00}		Hamburg 19^{00}		Stuttgart 18^{00}		Saarbrücken 15^{00}		Wien 13^{00}	
	Bahn	Flug	Bahn	Flug	Bahn	Flug	Bahn	Flug	Bahn	Flug	Bahn	Flug
ab	8^{13}	13^{05}	7^{05}	8^{20}	10^{08}	17^{15}	14^{20}	16^{55}	10^{14}	13^{40}	0^{32}	9^{35}
an	13^{19}	14^{00}	10^{35}	9^{05}	17^{13}	18^{20}	17^{45}	17^{40}	13^{29}	14^{40}	10^{18}	11^{00}

5

Auf dem Bahnhof

○ Der Intercity nach Hamburg:
Wo fährt der ab?
■ Gleis fünf.
○ Welches Gleis bitte?
■ Fünf.
Aber der Zug hat
10 Minuten Verspätung.

1. Hören Sie die Ansage. Was ist richtig (r)? Was ist falsch (f)?

a) Der D-242 kommt aus Paris.
b) Der D-242 fährt nach Paris.
c) Der D-242 ist schon da.
d) Der D-242 ist noch nicht da.
e) der D-242 ist schon weg.
f) Passagiere nach Paris können auch den D-365 nehmen.

B3

6

Ferienzentrum Damp 2000

EXTRAS

7=5 7 Tage Urlaub zum 5-Tage-Preis für alle Anreisen vom 27.3.–12.6. und vom 28.8.–23.10.

14=10 14 Tage Urlaub zum 10-Tage-Preis für alle Anreisen vom 27.3.–5.6. und vom 28.8.–16.10.

21=15 21-Tage Urlaub zum 15-Tage-Preis für alle Anreisen vom 27.3.–29.5. und 28.8.–9.10.

Ein paar Dörfer, Wiesen- und Bauernhöfe. Das ist Schleswig-Holstein zwischen Schlei und Ostsee, zwischen Eckernförde und Kappeln.

Im beliebten Seeheilbad Damp 2000 finden Sie zu jeder Jahreszeit und bei jedem Wetter alles, was zur Erholung und Unterhaltung wichtig ist:

Sport und Spiel in der Olympiahalle:
Große Turnhalle mit Geräten, auch für Tennis und Ballspiele, Gymnastikraum, 4 Kegelbahnen, 8 Bowlingbahnen, Tischtennis, Billard.

Im Freien finden Sie Sport-, Spiel- und Tennisplätze, Minigolf sowie temperiertes Süßwasser-Schwimmbad mit Rutsche für Kinder (Mai bis September). Täglich Fitneß-und Sportprogramme unter Anleitung erfahrener Sportlehrer (gebührenfrei), Damper Sport-Diplom.

Ein Kinderparadies: Das fängt schon am Strand an. Denn hier haben die Kinder eine eigene geschützte Badezone. Im Gelände mehrere Spielplätze, darunter ein Abenteuerspielplatz. Umfangreiche Veranstaltungsprogramme für Kinder und Jugendliche. Babysitterdienst (auf Anfrage möglich).

Die Einkaufstraße direkt am Yachthafen: Dort finden Sie Supermärkte, Fachgeschäfte, eine Post und eine Bank.

Für das leibliche Wohl sorgen mehrere Restaurants, eine Bierstube, Bar, Café, Bistro und Kioske, alles das ganze Jahr geöffnet.

Für Abwechslung sorgt ein attraktives Veranstaltungsprogramm, Theater, Show, bunte Abende im großen Ballsaal im Haus des Kurgastes, Tanz in der schicken Diskothek „Aquamarinus", Hobby- und Bastellehrgänge.

Ausflugsprogramm: z.B. Hochseeangeln oder Schiffsausflüge nach Dänemark.

Und was es sonst noch gibt: Sauna, beheiztes Freibad, Strandkörbe, Fernseh- und Leseräume, Segel- und Tauchschule, Reithallen auf einem nahegelegenen Reiterhof und und und . . .

Und so kommen Sie hin: Autobahn Hamburg – Flensburg bis Abfahrt Rendsburg / Büdelsdorf / Eckernförde, B 203 Richtung Kappeln (Hamburg – Damp 140 km).

Sie wohnen ganz nach Wunsch in modern eingerichteten Appartements in einem Appartementhaus. Die Appartements sind modern möbliert, haben Teppichboden in allen Räumen, Radio und Münzfarbfernseher, Duschbad/WC, Balkons mit Gartenmöbeln.

LBD 4201. Typ A. 1-Raum-Appartement. Wohnfläche 25 qm. Wohn-Schlafraum mit 2 Schlafcouches, Schrankküche mit E-Platten, Kühlschrank.

LBD 4203. Typ B. 1-Raum-Appartement. Wohnfläche ca. 31 qm. Geräumiger Wohn-Schlafraum mit Sitzgruppe und 2 über Eck stehenden Schlafcouches. Eßdiele mit Schrankküche.

LBD 4205. Typ B 1. Entspricht LBD 4203 mit Wandklappbett für 1 Kind bis 12 Jahre.

LBD 4207. Typ B 2. Entspricht LBD 4203 mit 2 Wandklappbetten für 2 Kinder bis 12 Jahre.

LBD 4211. Typ C. 3-Raum-Wohnung. Wohnfläche 56 qm. Großer Wohn-Schlafraum. 2 Schlafzimmer mit je 2 Betten.

Kurzreisen
In Reisezeit A + B kann **An- und Abreise** an jedem Wochentag erfolgen.
Mindestaufenthalt 4 Tage.
Tagespreis = Wochenpreis : 7

Nebenkosten (am Ort zu zahlen):
Pauschale für Strom, Wasser, Heizung, Erstausstattung Bettwäsche und Handtücher, Endreinigung:

	bis 4 Übern.	ab 5 Übern.
Typ A, B	DM 39	DM 73
Typ B 1, B 2	DM 42	DM 79
Typ C, G, H	DM 66	DM 111
Typ E, F	DM 83	DM 153

Mietpreis je Woche und Wohneinheit in DM

B = 27.03.-17.04.
A = 17.04.-15.05.
B = 15.05.-19.06.
C = 19.06.-03.07.
D = 03.07.-14.08.
C = 14.08.-28.08.
B = 28.08.-30.10.

Anreise Samstag	Personenzahl	A	B	C	D
LBD 4201 DU	1	273	315	336	406
LBD 4203 DU	2	357	406	469	588
LBD 4205 DU	3	378	427	497	693
LBD 4207 DU	4	406	462	553	714
LBD 4211 SU	6	616	707	861	1064

Traumurlaub

● Ach, ist das schön hier!
■ Wie?
● Ich sagte: Ach, ist das schön hier!
■ Ach so! –
Und diese Hitze, wunderbar!
● Wie meinst du?
■ Ich sagte: Diese Hitze, wunderbar!
● Ach so! –
Und dann diese Einsamkeit! Herrlich!
■ Was sagst du?
● Ich sagte: Diese Einsamkeit! Herrlich!
■ Ach so! –
Ein Traumurlaub!
● Wie bitte?
■ Ich sagte: Ein Traumurlaub!
● Ach so! –
Wann fliegen wir eigentlich zurück?
■ Morgen.
● Ach, morgen schon?
■ Ja, morgen früh.
● Wunderbar!

C

Zurück nach Unterschleimbach

- ○ Bitte eine Rückfahrkarte!
  - □ Eine Rückfahrkarte?
- ○ Ja, bitte.
  - □ Eine Rückfahrkarte – wohin?
- ○ Zurück.
  - □ Aber wohin denn zurück?
- ○ Zurück nach Unterschleimbach.
  - □ Also eine Fahrkarte nach Unterschleimbach.
- ○ Ja. Und zwar zurück.
  - □ Was denn nun! Einfach oder hin und zurück?
- ○ Einfach zurück.
  - □ Also, nicht hin und zurück?
- ○ Nein, nur zurück, bitte.
  - □ Also einfach!
- ○ Ja. Eine Rückfahrkarte einfach. Nach Unterschleimbach.
  - □ Jetzt verstehe ich überhaupt nichts mehr! Wohin reisen Sie?
- ○ Zurück nach Unterschleimbach.
  - □ Gut! Bleiben Sie dann in Unterschleimbach?
- ○ Natürlich. Deshalb fahre ich ja zurück.
  - □ Sie meinen: deshalb fahren Sie hin!
- ○ Nein! Deshalb fahre ich zurück.
  - □ Und w a r u m z u r ü c k ?
- ○ Ach wissen Sie, ich fühle mich hier nicht wohl.

GESCHENKE
das Bild
der Kugelschreiber
das Briefpapier
die Tasche
das Buch
DIE KAMERA NEU
Hueber
50
Jubiläum
Ich bin da! Michael
Freut Euch mit uns Wir heiraten
WEIHNACHTEN 24. Dezember
für Mama
Zu unserer Geburtstagsparty laden wir ein.
Schenken Sie Blumen
FLUEBER

B1

1

1. Schenken macht Freude.

Was möchten Sie gern haben?

Ich	lese gern.	Deshalb möchte ich ein Buch haben.
...	(gern Briefe schreiben)	... ...
	(viel Musik hören)	
	(oft fotografieren)	
	(... rauchen)	
	(im Haus arbeiten)	
	(Picasso mögen)	
	...	

das Briefpapier

der Kassettenrecorder

die Kassette

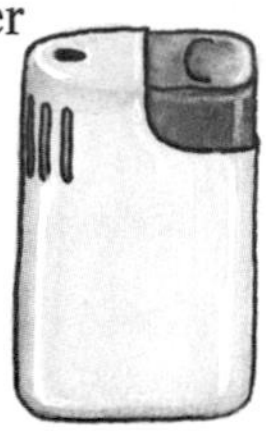
das Feuerzeug

die Schallplatte

die Zigarette

der Film

die Schreibmaschine

der Kugelschreiber

die Kamera

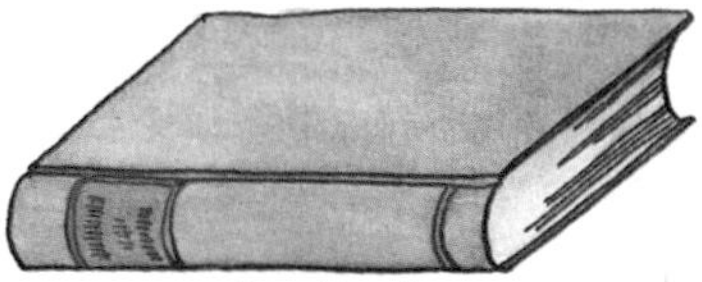
das Buch

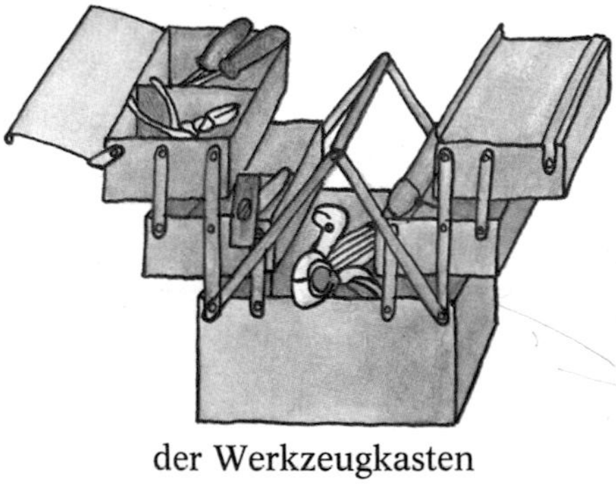
der Werkzeugkasten

das Bild

der Plattenspieler

S. 135, 1
+ 136, 2

2. Was paßt zusammen?

(Je 2 Sätze und 1 Bild passen zusammen.)

Herr Mahlein hat Geburtstag.
Frau Mahlein schenkt *ihm*
einen Plattenspieler.

1. Fred möchte ein Radio kaufen.
2. Yvonne lernt Deutsch.
3. Lisa liebt Jochen.
4. Carola und Hans möchten ein Geschenk kaufen.

a) Der Lehrer erklärt *ihr* den Dativ.
b) Der Buchhändler zeigt *ihnen* Bücher.
c) Der Verkäufer empfiehlt *ihm* einen Radiorecorder.
d) Sie kauft *ihm* eine Platte von Hannes Wader. Dann gibt sie *ihm* die Platte.

Was paßt?

A		
B		
C		
D		

3. Diese Personen haben Geburtstag. Was kann man ihnen schenken?

Gina:	gern Musik hören	Gina hört gern Musik. Man kann ihr eine Schallplatte schenken.
Peter:	rauchen	Peter ... Man kann ihm ...
Carlo:	gern reisen	
Fräulein Kurz:	Blumen mögen	
Yussef und Elena:	ein Auto haben	
Luisa:	gern fernsehen	
Jochen:	Fußball spielen	
Herr und Frau Manz:	tanzen	

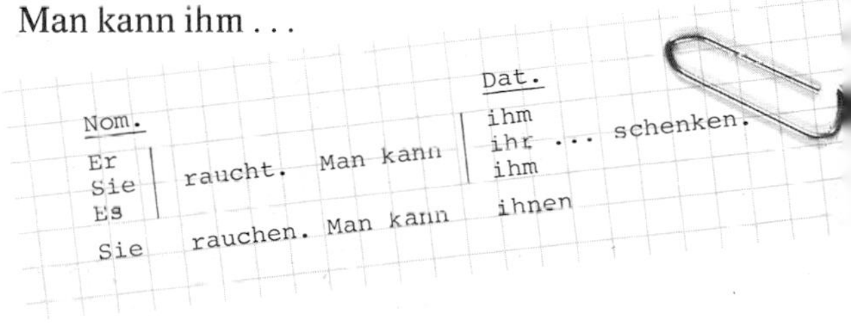

S. 136, 3

Nominativ	Dativ
ich	mir
du	dir
Sie	Ihnen
wir	uns
ihr	euch

4. Ich möchte eine Party geben.

● Ich möchte Sonntag eine Party geben. Hast du Lust zu kommen?
■ Da kann ich leider nicht.
● Paßt es dir denn Samstag?
■ Ja, Samstag paßt es mir gut.

Party:
einladen und fragen
Dietmar
Gerd und Gabi
Frau Hueber
Herr und Frau Bock
Ilse

Laden Sie diese Personen ein:

1. Ich möchte eine Party geben . . .
2. Wir möchten eine Party geben . . .

Kauf doch	einen Aschenbecher. eine Kassette. ein Feuerzeug.	Sing.
	Kassetten.	Plural
Er hat schon	einen. eine. eins.	Sing.
	welche. genug.	Plural

5. Was kann ich mitbringen?

● Du, Jochen gibt morgen eine Party. Was kann ich ihm wohl mitbringen?
■ Kauf doch eine Flasche Cognac.
● Das geht nicht. Er trinkt keinen Alkohol.
■ Dann nimm doch ein Feuerzeug.
● Er hat schon eins.

Jochen	Gina	Bernd	Petra	Yvonne
Flasche Cognac	Platte	Blumen	Buch	Kassette
trinkt keinen Alkohol	hat keinen Plattenspieler	mag keine Blumen	liest selten	hat keinen Kassettenrecorder
Feuerzeug	Kassette von Louis Armstrong	Aschenbecher	Weingläser	Wörterbuch Französisch-Deutsch

S. 137, 5

S. 137, 5
+ 136, 4

○ Du, Ulla hat morgen Geburtstag.
■ Ach ja, stimmt.
○ Ich möchte ihr etwas schenken.
Weißt du nicht etwas?
■ Schenk ihr doch eine Platte.
Sie hört gern Jazz.
○ Meinst du? – Ich weiß nicht.
■ Dann kauf ihr doch ein Wörterbuch.
Sie lernt doch Französisch.

○

Prima, die Idee ist gut.

Das ist mir zu unpersönlich.
■ Dann kauf ihr doch Blumen.
○ Das ist so langweilig.
■ Dann kann ich dir auch nicht helfen.

○	Ulla Jörg	hat	morgen nächste Woche	Geburtstag. Jubiläum. Hochzeit.

□	Ach ja,	stimmt. richtig.

○

Ich möchte	ihr ihm	etwas schenken.

(Ich brauche noch ein Geschenk.)

Weißt du nicht etwas?
(Kannst du mir etwas empfehlen?)

□

Schenk Kauf	ihr ihm	doch	eine Platte. . . .

Sie Er	hört gern Jazz. . . . . . .

○ Meinst du?
Ich weiß nicht.

□	Dann	kauf schenk	ihr ihm	doch . . .

○

Prima, Oh ja,	die Idee ist	gut. nicht schlecht. . . .

(Ach nein, das ist mir zu	unpersönlich. teuer. . . .)

B2

1

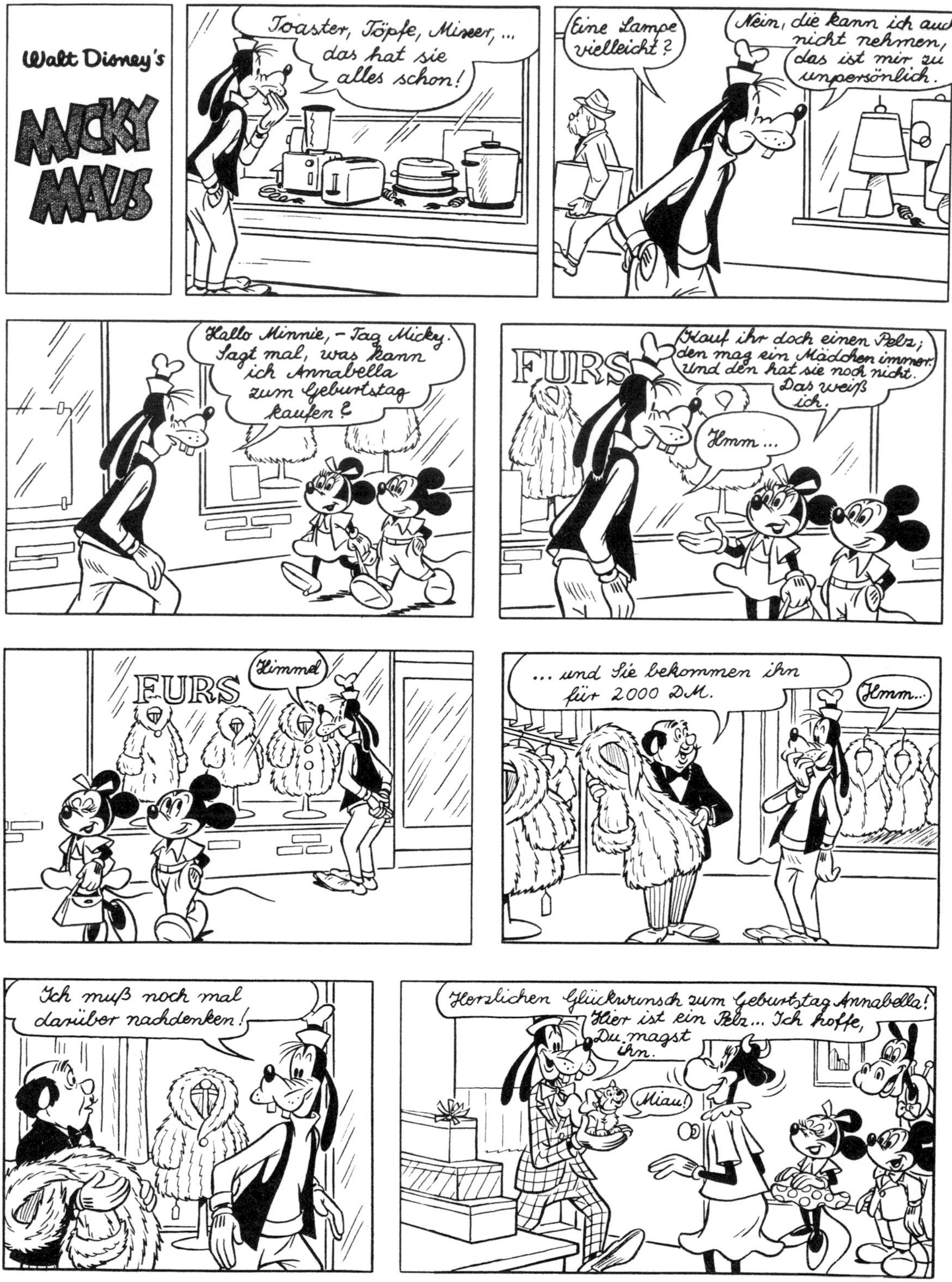
Walt Disney's
MICKY MAUS
Toaster, Töpfe, Mixer, ... das hat sie alles schon!
Eine Lampe vielleicht?
Nein, die kann ich auch nicht nehmen, das ist mir zu unpersönlich.
Hallo Minnie, – Tag Micky. Sagt mal, was kann ich Annabella zum Geburtstag kaufen?
FURS
Kauf ihr doch einen Pelz; den mag ein Mädchen immer. Und den hat sie noch nicht. Das weiß ich.
Hmm ...
FURS
Himmel
... und Sie bekommen ihn für 2000 DM.
Hmm...
Ich muß noch mal darüber nachdenken!
Herzlichen Glückwunsch zum Geburtstag Annabella! Hier ist ein Pelz... Ich hoffe, Du magst ihn.
Miau!

○ Kann ich Ihnen helfen?

□ Ja, ich suche einen Fernseher. / Nein danke, ich schaue nur mal.

○ Der von „Ultra" ist nicht schlecht. Er kostet 350,– DM.

□ Das ist mir zu teuer. Haben Sie noch welche?

○ Ja, hier einen für 198,– DM.

□ Ich weiß nicht. Ich muß noch mal darüber nachdenken. Vielen Dank.

○ Kann ich Ihnen helfen?
(Bitte schön?)

□ Ja, ich suche | möchte einen Fernseher.
(Können Sie mir Fernseher zeigen?)

○ Der von „Ultra" ist nicht schlecht.
Er kostet nur 350,– DM.
(Wir haben hier einen für 350,– DM. | von . . .)

□ Das ist mir zu teuer.
Haben Sie noch welche? | andere?

○ Ja, hier einen für 198,– DM.
(Hier ist ein Sonderangebot zu 198,– DM.)

□ Ich weiß nicht.
(Ich muß noch mal darüber nachdenken.)
(Der ist günstig, den nehme ich. | ich nehme ihn.)

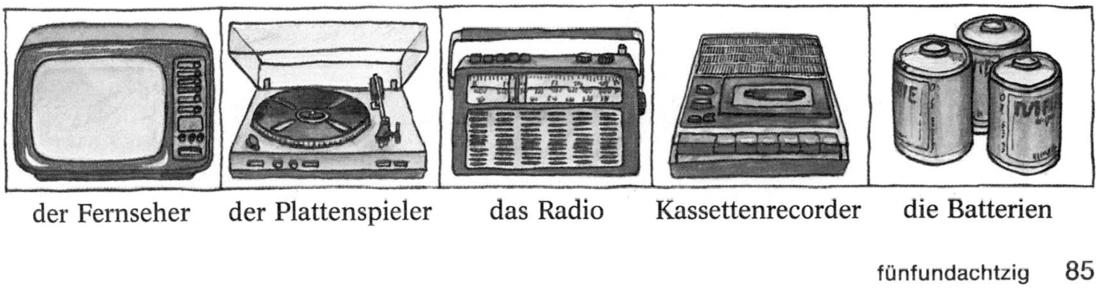

der Fernseher	der Plattenspieler	das Radio	Kassettenrecorder	die Batterien

3

S. 137, 6

Gefällt Ihnen . . .?

○ Gefällt Ihnen der Kugelschreiber?
□ Nicht schlecht.
Haben Sie noch welche?
○ Ja, hier einen für 8,50 DM.
□ Der gefällt mir besser,
den nehme ich.
Packen Sie ihn bitte ein.

Nom.	Akk.
Der Kugelschreiber	..., den nehme ich. Packen Sie ihn ein, bitte.
Die Lampe	..., die nehme ich. Packen Sie sie ein, bitte.
Das Feuerzeug	..., das ... Packen ... es ...

Birgit und Uta möchten eine Vase für einen Freund kaufen.
Sie möchten nur 30,– DM ausgeben.

Die ist doch viel zu | teuer! / groß! / klein! / häßlich!

Wie gefällt dir der hier?

Nehmen wir sie?

Was meinst du?

Die gefällt mir nicht!

Wie findest du den hier?

Die ist prima. Die nehmen wir!

Die ist sehr schön, aber zu teuer.

Die hier vielleicht?

Hier ist noch eine, die ist | billiger. / schöner. / hübscher.

Ich weiß noch nicht.

Ja, gut.

Nehmen wir die für ... DM oder die für ... DM?

Die gefällt ihm bestimmt | besser. / nicht.

Schreiben Sie verschiedene Dialoge. Spielen Sie die Dialoge.
Die Sätze sind nur Beispiele.
Sie können auch eine Tasche, ein Bild, . . . nehmen.

B3

1

Anzeige

. . . die Kamera der unbegrenzten Möglichkeiten . . .

Jetzt endlich können Sie fotografieren und filmen mit einem einzigen Gerät. Sie brauchen keine komplizierte Kamera, sondern nur die technisch perfekte
Bilderstar rx3
Sie arbeitet (voll)elektronisch und ist einfach zu bedienen.

Wenn Sie filmen möchten, drücken Sie den roten Auslöser. Wenn Sie lieber Einzel-Dias machen wollen, drücken Sie den schwarzen Auslöser.

Und noch etwas Besonderes:
Bilderstar rx3
ist die erste Kamera der Welt, die mit Sonnenenergie arbeitet. Eingebaute Solar-Zellen formen normales Tageslicht in Energie für die aufladbare Batterie um.
So brauchen Sie erst nach fünf Jahren eine neue Batterie.

Eine erstaunliche Kamera zu einem noch erstaunlicheren Preis!

Bilderstar rx3

. . . Spitzentechnik zu einem fairen Preis.

1. Was verstehen Sie hier?
2. Wo steht das im Text?
   a) Man kann mit der Kamera filmen.
   b) Man kann mit der Kamera auch fotografieren.
   c) Sie hat Solarzellen.
   d) Sie ist nicht zu teuer.
   e) Sie ist praktisch.
3. Vielleicht möchten Sie noch etwas über die Kamera wissen? Was?

Auf der Foto-Messe

2

Frau Lefèbre von der Firma Bonphoto in Brüssel besucht die Foto-Messe in Köln. Die ist jedes Jahr in Köln.

1. Hören Sie den Dialog.
2. Was erklärt der Mann Frau Lefèbre?
3. Hören Sie den Dialog noch einmal.
4. Was fragt Frau Lefèbre? Was fragt sie nicht?

	ja	nein
a) „Kann ich Ihnen helfen?"		
b) „Können Sie mir den Apparat hier erklären?"		
c) „Ist der Apparat neu?"		
d) „Wie funktioniert der Apparat?"		
e) „Ist der Apparat teuer?"		
f) „Woher kommen Sie?"		
g) „Wie lange hat man Garantie?"		
h) „Wann können Sie den Apparat liefern?"		

5. Vergleichen Sie Anzeige und Dialog.
   Welche Informationen sind neu im Gespräch?

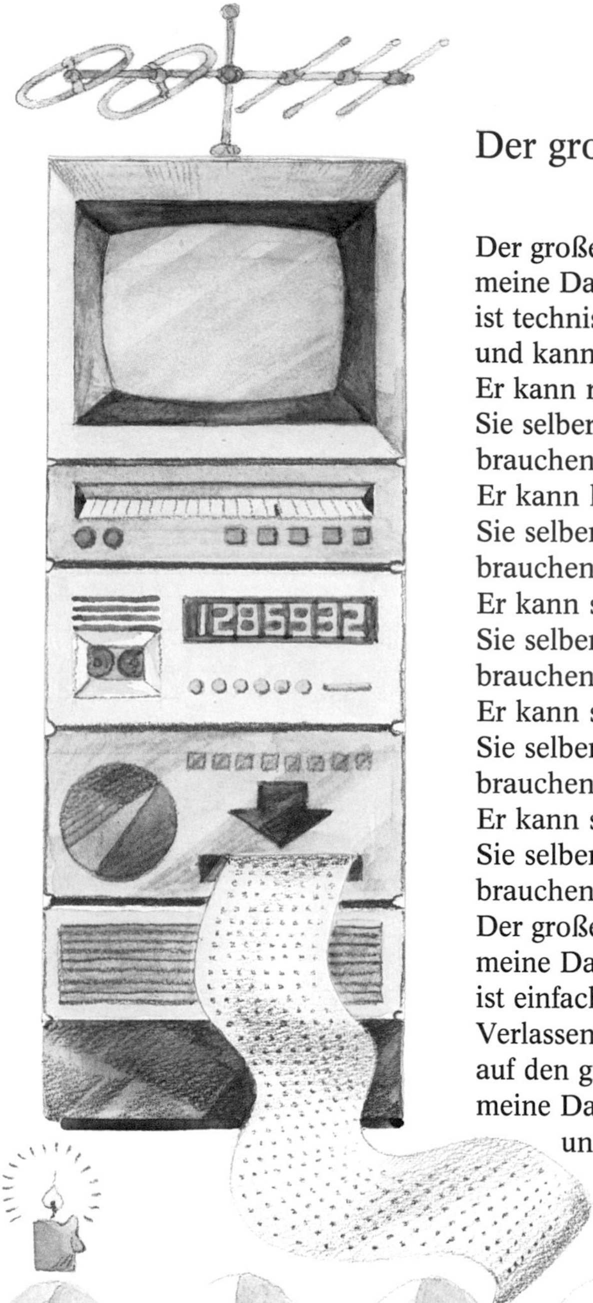

Der große Mediovideoaudiotelemax

Der große Mediovideoaudiotelemax,
meine Damen und Herren,
ist technisch perfekt
und kann einfach alles.
Er kann rechnen,
Sie selber
brauchen also nicht mehr rechnen.
Er kann hören,
Sie selber
brauchen also nicht mehr hören.
Er kann sehen,
Sie selber
brauchen also nicht mehr sehen.
Er kann sprechen,
Sie selber
brauchen also nicht mehr sprechen.
Er kann sogar denken,
Sie selber
brauchen also nicht mal mehr denken.
Der große Medioaudiovideotelemax,
meine Damen und Herren,
ist einfach vollkommen.
Verlassen Sie sich
auf den großen Mediovideoaudiotelemax,
meine Damen und Herren,
und finden Sie endlich Zeit
für
sich selber.

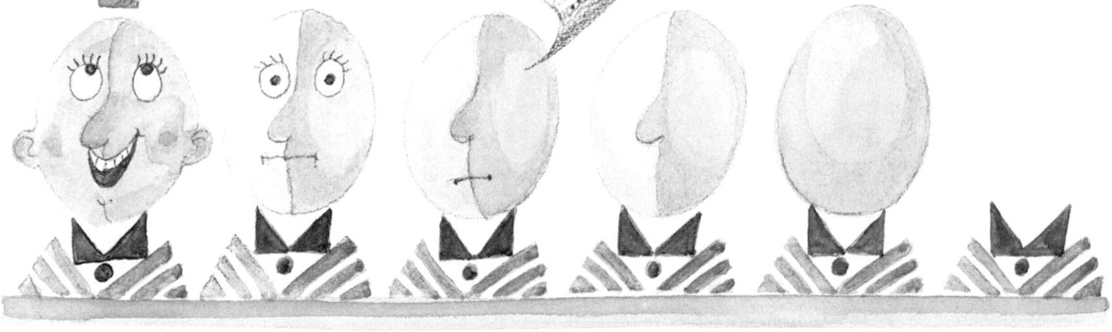

Kein Glück

- Bitte ein Kilo Glück!
  - Ein Kilo Glück?
- Ja. Möglichst am Stück.
  - Ein Kilo Glück am Stück. – Tut mir leid. Glück am Stück habe ich nicht.
- Auch nicht ein Stückchen?
  - Nein, nicht mal ein Stückchen.
- Dann bitte – hundert Gramm Glück, in Scheiben.
  - Glück in Scheiben habe ich auch nicht.
- Kein Glück am Stück, kein Glück in Scheiben. Was haben Sie denn überhaupt?
  - Was ich überhaupt habe? Alles! – Nur habe ich leider kein Glück!

A

Zum Beispiel . . . Hamburg

Bonn ist die Hauptstadt der Bundesrepublik Deutschland, aber es ist nicht die größte Stadt. Die meisten Einwohner hat Hamburg.

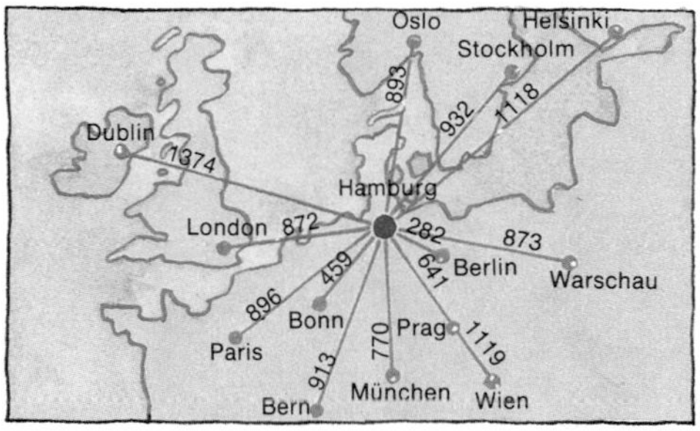

Und was ist noch an Hamburg interessant? Hamburg ist ein Stadtstaat, das heißt, es ist nicht nur eine Stadt, sondern auch ein Land. Die Bundesrepublik Deutschland hat 10 Bundesländer, und Hamburg ist eins davon. Der Hamburger Bürgermeister ist gleichzeitig einer von den zehn Ministerpräsidenten.

Die Bürgerschaft.

Hamburg ist eine Stadt mit viel Wasser. Es gibt zwei Flüsse (die Elbe und die Alster), mehr Kanäle als in Venedig und 2125 Brücken.

Im Hamburger Hafen arbeiten 80 000 Menschen. Hier kommen im Jahr etwa 20 000 Schiffe an und bringen 60 Millionen Tonnen Ware.

Hamburg ist eine Pressemetropole: Hamburger Zeitungen liest man überall in der Bundesrepublik. Am bekanntesten sind: die „Bild-Zeitung" (5 Millionen Exemplare pro Tag), die „Zeit", der „Stern", der „Spiegel" und „Hör zu".

Der Hafen.

Hamburg ist auch eine Kulturmetropole: es gibt 20 Museen, 17 Theater, 60 Kunstgalerien und fast 100 Kinos.

Hamburg hat aber auch seine Probleme: Der Schiffsverkehr und die Industrie werden immer größer, deshalb werden die Elbe und die Nordsee immer schmutziger. Die Fische sterben, die Fischindustrie geht langsam kaputt. Und die Stadt braucht immer mehr Energie für die Industrie und die privaten Haushalte. Hamburg möchte deshalb noch weitere Atomkraftwerke bauen. Aber viele Leute wollen keine Atomenergie.

Den meisten Hamburgern aber gefällt ihre Stadt: 98% möchten nur hier leben. Und auch für 20% Bundesdeutsche ist Hamburg noch immer die „Traumstadt".

Verschmutzte Elbe bei Hamburg.

B1

2

Hansa Busreisen Hamburg

Hans Hansen, Inh.

Abfahrt tägl. 10, 12, 14, 17 Uhr am Hauptbahnhof

Erwachsene 10,– DM Kinder 8,– DM

Die Köhlbrandbrücke über der Elbe.

Der Elbtunnel. Unter der Elbe.

Mitten in der Stadt: Die Alsterarkaden an der Alster: „Venedig" in Hamburg.

Das Wahrzeichen von Hamburg: Der „Michel" (die Sankt-Michaelis-Kirche). – Vor dem Turm: Das Bismarck-Denkmal

Sankt Pauli bei Nacht. Cafés neben Kinos, Hotels neben Nachtclubs.

Segelboote auf der Alster. Hinter ihnen: die Sankt-Nikolai-Kirche aus dem Jahre 1842, (links) und der Rathausturm aus dem Jahre 1897 (rechts). Zwischen den Türmen: ein modernes Bürohaus.

S. 138, 1

1. Lesen Sie den Prospekt.
2. Hören Sie den Text:
   Wohin fährt der Bus zuerst? (Bild Nr. ...?)
   Und dann ...? (Bild Nr. ...?)

3

S. 138, 2 + 3

1. Zwischen – vor – neben – auf – hinter.
Welche Präposition paßt?
Ergänzen Sie auch den Artikel.

Links . . . . . . Binnenalster liegt der Jungfernstieg.
Die Alsterarkaden liegen . . . . . . Schleusenbrücke und . . . Jungfernstieg.
. . . . . . Alsterarkaden ist die kleine Alster.
. . . . . . Jungfernstieg ist der U-Bahnhof Jungfernstieg.
Die Alsterarkaden liegen . . . . . . kleinen Alster.

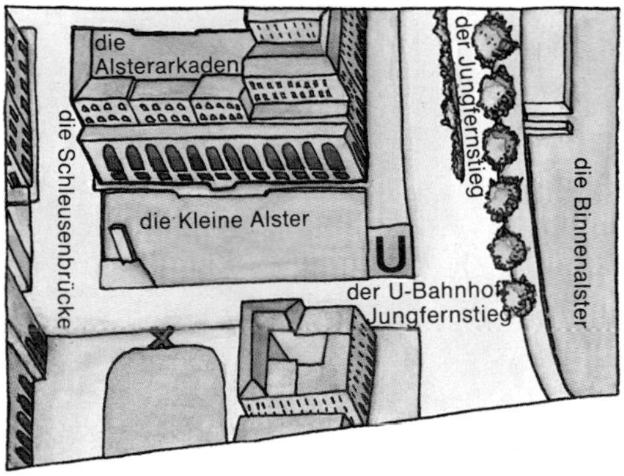

2. Treffpunkt Landungsbrücken

○ Wo treffen wir uns morgen?
□ An den Landungsbrücken.
○ Und wo da? Auf der Brücke?
□ Nein, lieber im Restaurant.
○ Oder am Eingang Brücke 3?
□ Also gut, am Eingang.

Präposition + Dativ

in
hinter
an
auf
über
unter
vor
zwischen } dem Fernsehturm / der Kirche / dem Rathaus

! an + dem = am
in + dem = im

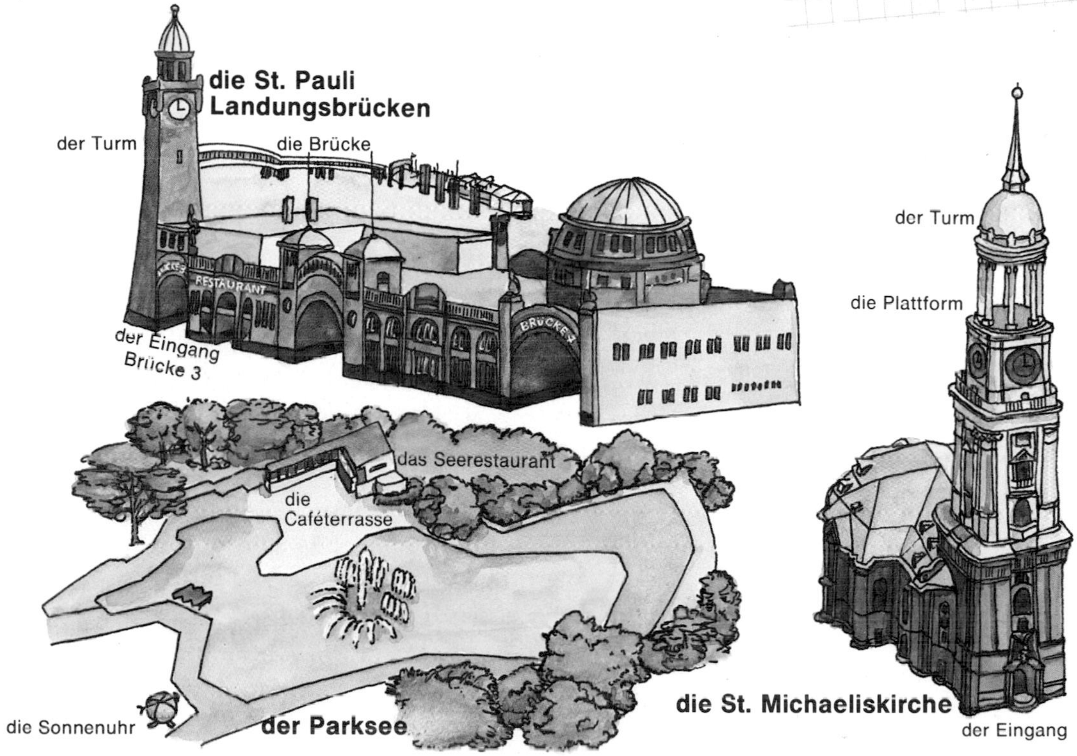

B2

1

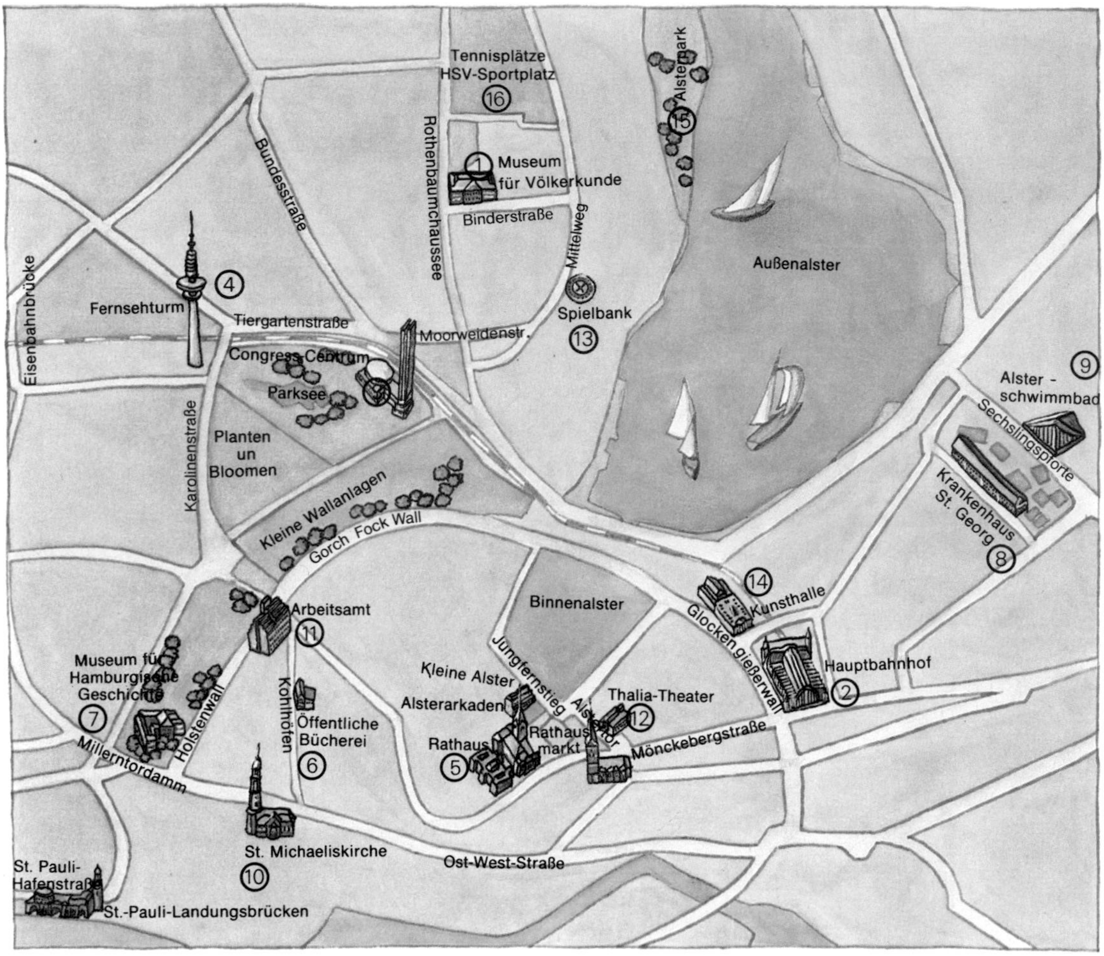

Wo ist ...? – auf (Behörde, Plätze) / in (andere Gebäude, Orte, Straßen) / an (Plätze) } + Dat.

Wohin ...? – auf / in / an } + Akk.

1. WO ist . . .?

○ Wo ist
das Rathaus, Thalia-Theater, Arbeitsamt, Krankenhaus St. Georg, Museum für Hamburgische Geschichte?
die Kunsthalle, Alsterschwimmhalle, Sankt Michaeliskirche, Öffentliche Bücherei, Spielbank?
der Hauptbahnhof, Alsterpark, HSV-Sportplatz, Tennisplatz Rothenbaum?

■ In der . . . straße.
Am . . . platz/markt.

2. a) WO kann man. . . ?

○ Wo kann man | spazierengehen?
telefonieren?
Fußball spielen?
schwimmen?
Bücher leihen?
segeln?
schnell einen Arzt finden?
. . .

■ Im . . .
In der . . .
Auf dem . . .
Auf der . . .

b) Sie möchten . . .

○ Sie möchten | spazierengehen.
ein Buch leihen.
schwimmen gehen.
telefonieren.
Fußball spielen.
. . .
Sie brauchen schnell einen Arzt.
Sie suchen eine Arbeit.
. . .

WOHIN gehen Sie dann?

■ In den . . .
In die . . .
Ins . . .

Auf den . . .
Auf die . . .
Aufs . . .

S.139,4a+5

2

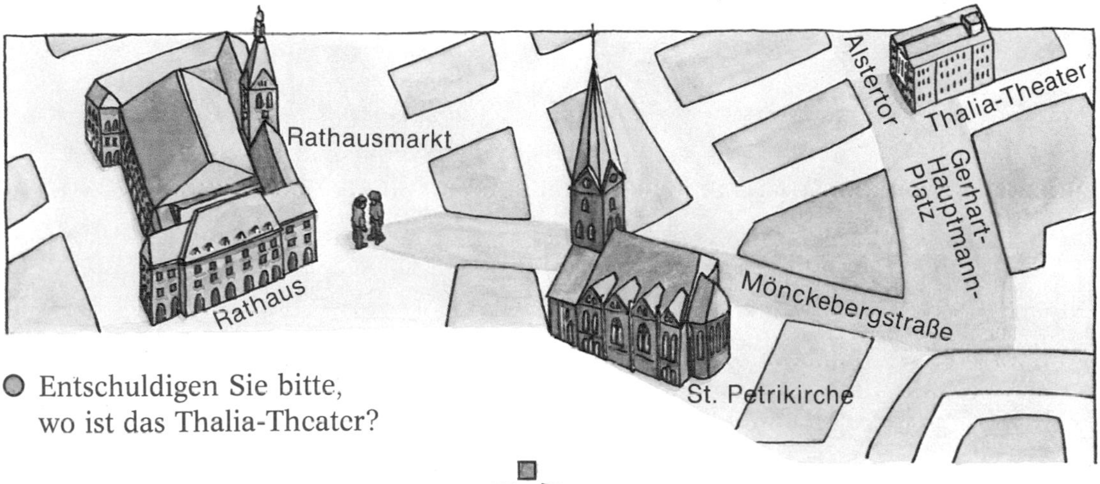

○ Entschuldigen Sie bitte,
wo ist das Thalia-Theater?

■

Das Thalia-Theater, das ist am Alstertor.
Sie gehen hier die Mönckebergstraße immer geradeaus, an der St. Petrikirche vorbei bis an die Kreuzung Gerhart-Hauptmann-Platz. Dort dann links. Nach ungefähr 300 m ist rechts das Thalia-Theater.

Tut mir leid,
das weiß ich nicht.
Ich bin auch fremd hier.

B2

S. 139, 7

Spielen Sie weitere Dialoge. Nehmem Sie den Plan auf Seite 96.
Sie sind am Rathaus und suchen das Congress-Centrum, die St. Michaeliskirche, die Öffentliche Bücherei, . . .

○ Entschuldigen Sie bitte, wo ist . . .?

Sie gehen hier	immer geradeaus bis . . .		
	an der	Kreuzung	links.
		Kirche	rechts.
	am . . .		vorbei.

□ Dann	die erste/zweite/dritte/ vierte Straße	links.
	an der Markthalle	rechts.
	am Schwimmbad	
	vor der . . ./vor dem . . .	
	hinter der . . ./hinter dem	

3

Entschuldigung, wir suchen . . .

1. Sehen Sie in den Plan auf Seite 96 und hören Sie zu.

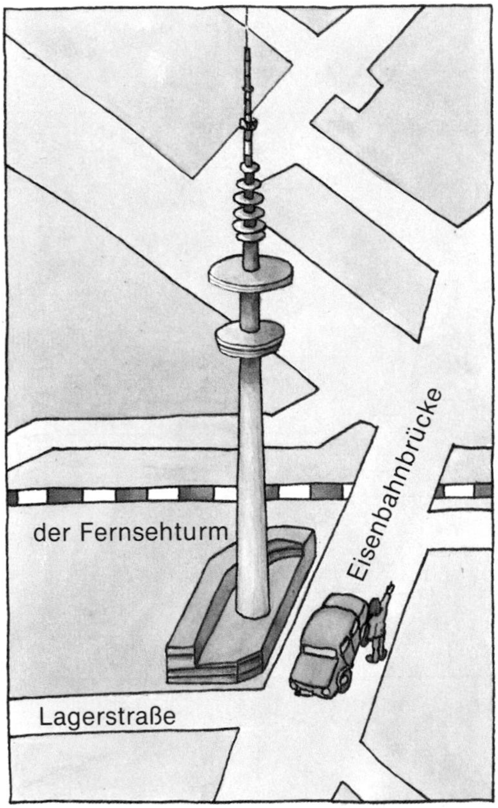

2. Der Autofahrer ist am Fernsehturm.

a) Wohin möchte der Autofahrer fahren?
b) Wohin fährt der Autofahrer wirklich?
c) Ist die Information falsch, oder fährt der Autofahrer falsch?
d) Wie muß der Autofahrer jetzt fahren? Erklären Sie ihm den Weg.

S. 139, 4b

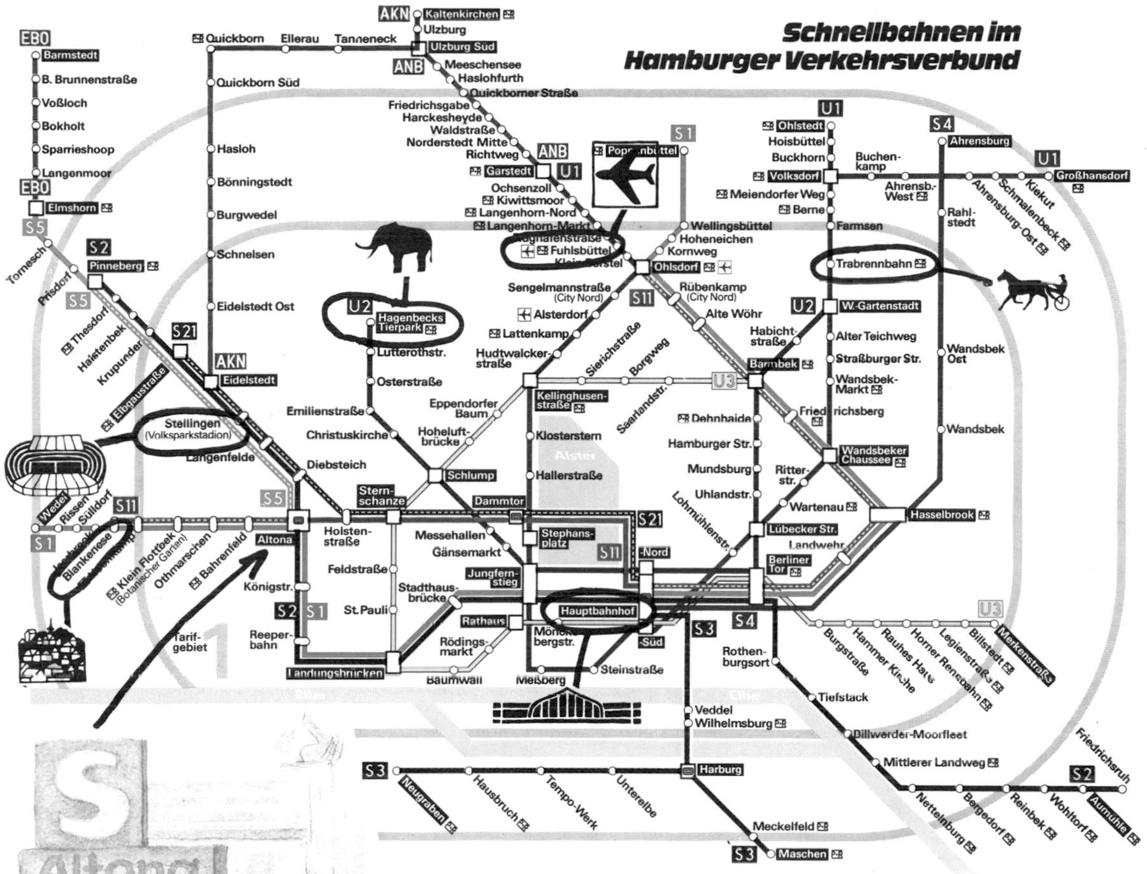

(bis) zu + Dat. → • (Institutionen, Gebäude, Plätze, Straßen)

nach → • (Namen von Städten, Stadtteilen, Ländern)

! zu + dem = zum
zu + der = zur

○ Entschuldigung, wie komme ich zum Rathaus?

□ Nehmen Sie die S 1 oder die S 2 bis zu den Landungsbrücken. Steigen Sie dann in die U 3 Richtung Merkenstraße um, und fahren Sie bis zum Rathaus. Das ist die dritte Station.

Spielen Sie weitere Dialoge.

B3

Hamburg – das Tor zur Welt

1

ALLE WEGE NACH HAMBURG

Hamburg ist einer der größten Seehäfen in Europa. Es liegt zwar nicht direkt am Meer, sondern an einem Fluß, an der Elbe. Sie fließt 110 Kilometer weiter nördlich in die Nordsee. Man kann daher Hamburg mit dem Seeschiff erreichen. Aber auch mit dem Flugzeug, dem Auto und mit der Bahn gibt es gute Verbindungen nach Hamburg.

Mit dem Schiff

Täglich kommen ungefähr 60 Schiffe in den Hafen. Jeden Tag liegen hier 150 bis 220 Schiffe an den Kaimauern. Im Monat gibt es ungefähr 400 regelmäßige Schiffsverbindungen nach Häfen in Europa, Amerika, Afrika und Asien. Von Hamburg fahren Schiffe in 1.300 Hafenstädte in der ganzen Welt.

Auf der Elbe kommen die Schiffe aus der Tschechoslowakei durch die DDR und die Bundesrepublik Deutschland bis nach Hamburg. Es gibt auch eine direkte Wasserstraße zwischen Ost- und Nordsee, den Nord-Ostseekanal. Er führt von der Elbe durch Schleswig-Holstein zur Ostsee in Kiel und verbindet Hamburg mit Skandinavien. So ist Hamburg ein wichtiger Transitplatz für Waren aus der DDR, Tschechoslowakei, aus Österreich, Skandinavien und Ungarn.

Mit der Bahn

Auch mit der Bahn kommt man schnell nach Hamburg. Vom Hauptbahnhof, direkt im Stadtzentrum, fahren täglich 68 Züge in viele große Städte in Europa.

Mit dem Auto

Alle Autobahnen zwischen Skandinavien und Mittel- und Westeuropa führen durch Hamburg. So können Sie direkt in den Hamburger Hafen und ins Stadtzentrum fahren.
Die A7 zum Beispiel kommt von Süddeutschland und geht direkt am Containerzentrum im Hamburger Hafen vorbei nach Dänemark.

Mit dem Flugzeug

Täglich landen in Hamburg ungefähr 139 Linienflugzeuge auf dem Flughafen Fuhlsbüttel. Direkte Flugverbindungen gibt es z.B. nach Amsterdam, Anchorage, Berlin, Brüssel, Düsseldorf, Frankfurt/M., Helsinki, Kopenhagen, Köln, London, München, Nürnberg, Oslo, Paris, Stockholm, Stuttgart und Zürich.

S. 139, 5 + 6

**1. Was ist richtig (r)?
Was ist falsch (f)?**

a) Seeschiffe können nicht in den Hamburger Hafen fahren.
b) Der Hamburger Hafen liegt an der Nordsee.
c) Der Hamburger Hafen liegt direkt im Stadtzentrum.
d) Schiffe aus 1300 Hafenstädten in der ganzen Welt fahren nach Hamburg.
e) Regelmäßige Schiffsverbindungen gibt es nur zwischen Hamburg und Häfen in Europa.
f) Die Elbe fließt durch die DDR.
g) Für Schiffe ist die Elbe eine günstige Verbindung zwischen Hamburg und Osteuropa.
h) Man kann mit der Bahn direkt ins Stadtzentrum fahren.
i) Autobahnen führen direkt in den Hamburger Hafen.
j) Nur Flugzeuge aus der Bundesrepublik Deutschland landen auf dem Flughafen Fuhlsbüttel.
k) Die Verkehrsverbindungen nach Hamburg sind günstig.

2. An – auf – in – über – zwischen – durch – von – zu – nach – aus.

Welche Präposition paßt?
Ergänzen Sie auch den Artikel.

a) Hamburg liegt . . . Elbe, nicht . . . Nordsee.
b) . . . vielen Städten . . . Welt kann man direkt . . . Hamburg fliegen.
c) . . . Hamburg kann man direkt . . . Schweiz fliegen.
d) . . . Hamburg und New York gibt es eine direkte Flugverbindung.
e) . . . Hamburg landen die Flugzeuge . . . Flughafen Fuhlsbüttel.
f) Die Autobahnen . . . Skandinavien führen alle . . . Hamburg.
g) . . . Skandinavien und Hamburg gibt es eine Autobahn.
h) Mit der Bahn kann man . . . Hamburg . . . viele Städte . . . Europa fahren.
i) Die Bahn fährt direkt . . . Hamburger City.
j) Der Hauptbahnhof liegt . . . Hamburger City.
k) Mit Auto, Bahn und Schiff kann man . . . Hamburger Hafen fahren.
l) . . . Hamburger Hafen liegen immer 150 bis 220 Schiffe.
m) Schiffe . . . Großbritannien fahren . . . Nordsee und . . . Elbe nach Hamburg.
n) Man kann mit dem Schiff . . . Elbe . . . DDR fahren.
o) Die Elbe fließt . . . Tschechoslowakei, . . . DDR und . . . Bundesrepublik Deutschland . . . Nordsee.
p) . . . Elbe führt der Nord-Ostseekanal . . . Ostsee.

Hoffnungsvolle Auskunft

– zuerst rechts
– dann links
– dann wieder rechts
– dann zweihundert Meter geradeaus
– dann bei der Ampel scharf rechts
dann bis zur zweiten Kreuzung
geradeaus
– dann über den Platz weg
und dann links
– dann um das Hochhaus herum
und bei der Tankstelle
links halten
– dann fragen Sie noch mal,
und wenn man Ihnen sagt:
– gehen Sie zuerst rechts
– dann links
– dann wieder rechts
– dann zweihundert Meter geradeaus
– dann bei der Ampel scharf rechts
– dann bis zur zweiten Kreuzung
geradeaus
– dann über den Platz weg
und dann links
– dann in einem Bogen
um das Hochhaus herum
und bei der Tankstelle
links halten . . .
. . . dann verlieren Sie bitte nicht die Hoffnung . . .

Gesundheit
ist
das höchste Gut
Dr. med. Hans Mayerhoefer
Arzt für Allgemeinmedizin
Sprechst.: Mo. Di. Mi. Fr. 8-11 u. 17-18^{30} Uhr
Donnerstags keine Sprechst.
3 x täglich
Was tun Sie für Ihre Gesundheit?
Die Stirne kühl, die Füße warm, das macht den reichsten Doktor arm
Arbeitsunfähig - warum?
Häufigste Ursachen in %
Erkältung, Grippe 24%
Rheuma, Gelenke, Bandscheiben u.ä. 17%
Unfälle 13%
Magen, Darm 12%
Herz, Kreislauf 7%
Besser reich und gesund als arm und krank
Rechnung

B1

1

1. Frau Bartels und Herr Kleimeyer haben Probleme mit der Gesundheit.

Frau Bartels hat jeden Tag eine neue Krankheit.
Montag kann sie nicht arbeiten: *Ihr* Hals tut weh.
Dienstag kann sie nicht . . ., *ihr* . . . tut weh.

nachdenken, schlafen, fotografieren, fernsehen, essen, aufstehen, rauchen, arbeiten, sprechen, aufräumen, einkaufen, fliegen, hören, trinken, kochen, gehen, lesen, tanzen, Tennis | Fußball | spielen, sehen, schreiben, Deutsch lernen, schwimmen

Possessivartikel

der Kopf →	♂ sein Kopf ♀ ihr Kopf
die Schulter →	♂ seine Schulter ♀ ihre Schulter
das Bein →	♂ sein Bein ♀ ihr Bein

Auch Herr Kleimeyer hat jeden Tag eine neue Krankheit.
Montag tut *sein* Rücken weh, und er kann nicht schwimmen,
Dienstag tut . . ., und . . .

S. 140, 1

2. Was fehlt ihm/ihr?

Sein	Zahn	tut weh.
Ihr	Kopf	
	Bauch	
	...	

Er/sie hat	Zahnschmerzen.
	Kopfschmerzen.
	Bauchschmerzen.
	...

Seine	Brust	tut weh.
Ihre	Hand	
	Nase	
	...	

Er/sie hat	Grippe.
	Fieber.
	Durchfall.
	...

Er/sie ist	krank.
	erkältet.
	...

Seine	Beine	tun weh.
Ihre	Finger	
	...	

2

○ Hallo, Bernd.
□ Grüß dich, Gisela.
○ Du siehst aber nicht gut aus. Was ist denn los?
□ Ich habe Zahnschmerzen.
○ Sehr schlimm?
□ Es geht.

○ Hallo, ... (Tag, ...)
□ Grüß dich, ... (Tag, ...)

○ Du siehst aber nicht gut aus. (Du siehst aber schlecht aus.) Was ist denn los? (Was hast du denn?)
□ Ich habe ... (Ich bin ...) (Mein(e) ... tut weh. Meine ... tun weh.)

○ Sehr schlimm? (Ist es schlimm?)
□ Es geht. (Ja, ziemlich.)

Possessivartikel

Singular	1. Person
der Kopf	mein Kopf
die Hand	meine Hand
das Bein	mein Bein
Plural	
die Arme	meine Arme

1

Leser fragen – Dr. Braun antwortet

Sprechstunde

Dr. med. C. Braun
beantwortet Fragen unserer Leser. Experten anderer Fachbereiche beraten ihn. Schreiben Sie also an das Gesundheitsmagazin und denken Sie daran, daß Ihre Frage auch anderen Lesern helfen kann, die ähnliche Sorgen haben.

(1)

*Lieber Doktor Braun,
ich habe oft Schmerzen in der Brust, besonders morgens. Ich rauche nicht, ich trinke nicht, ich treibe viel Sport und bin sonst ganz gesund. Was kann ich gegen die Schmerzen tun?
Herbert P., Bonn*

(A)

Ihre Schmerzen können sehr gefährlich sein. Ich kann Ihnen leider keinen Rat geben; Sie müssen unbedingt zum Arzt gehen. Warten Sie nicht zu lange!

(2)

*Lieber Doktor Braun,
ich habe oft Halsschmerzen, und mein Arzt gibt mir immer Penizillin. Ich möchte aber kein Penizillin nehmen. Was soll ich tun?
Erna E., Bottrop*

(B)

Ihr Arzt hat recht. Magenschmerzen, das heißt Streß! Vielleicht haben Sie ein Magengeschwür. Das kann schlimm sein! Sie müssen viel spazierengehen, Sie dürfen keinen Kaffee und keinen Wein trinken. Rauchen Sie nicht mehr! Sie dürfen auch nicht fett essen!

(3)

*Sehr geehrter Herr Dr. Braun,
mein Magen tut mir immer so weh. Ich bin auch sehr nervös und kann nicht schlafen. Mein Arzt kann mir nicht helfen. Er sagt nur, ich soll weniger arbeiten. Aber sein Rat gefällt mir nicht.
Willi M., Rinteln*

(C)

Sie wollen keine Medikamente nehmen, das verstehe ich. Dann müssen Sie aber vorsichtig leben. Sie dürfen nicht oft schwimmen gehen, Sie müssen Salbeitee trinken und jeden Abend Halskompressen machen.

1. Welche Antwort paßt zu welchem Leserbrief?

2. Herr P., Frau E., Herr M.

S. 140, 2

Wer	hat . . .?	Was muß er/sie tun?	Was darf er/sie nicht tun?
	Brustschmerzen Halsschmerzen Magenschmerzen	vorsichtig leben, . . .	fett essen, . . .

Welche Ratschläge gibt Dr. Braun?

Frau E. muß vorsichtig leben.
Herr . . . darf nicht fett essen und keinen Wein trinken.
Herr . . .
Frau . . .

3. Und welche Ratschläge können Sie Herrn P., Frau E. und Herrn M. geben?

Beim Arzt

2

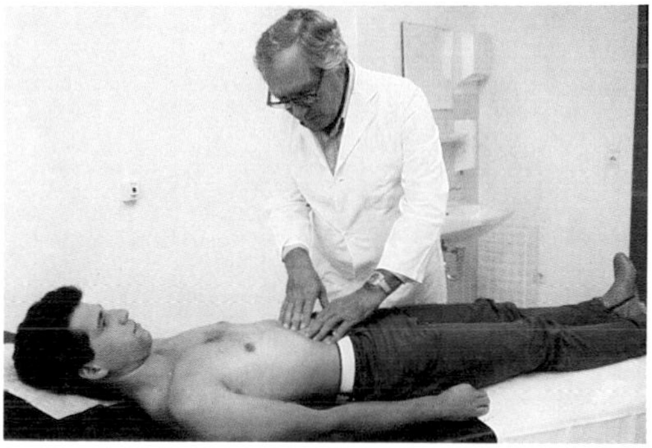

1. Hören Sie zu.
2. Was sagt der Arzt zu Herrn Möllermann?
   Was sagt er nicht?

   1. a) Essen Sie zu wenig?
      b) Essen Sie denn zu viel oder zu fett?
      c) Essen Sie genug?
   2. a) Trinken Sie viel Tee?
      b) Rauchen Sie?
      c) Trinken Sie Bier oder Wein?
   3. a) Sie haben ein Magengeschwür.
      b) Sie brauchen Magentabletten.
      c) Ihre Kopfschmerzen sind gefährlich.
   4. a) Sie dürfen jetzt mal keine Kopfschmerztabletten mehr nehmen.
      b) Sie müssen jetzt erst mal ein paar Tage ins Bett.
      c) Ich schreibe Ihnen hier Kopfschmerztabletten auf.
   5. a) Ich schreibe Ihnen hier ein Medikament auf.
      Das nehmen Sie morgens und abends.
      b) Ich schreibe Ihnen hier ein Medikament auf.
      Das nehmen Sie mittags und abends.
      c) Ich schreibe Ihnen hier ein Medikament auf.
      Das nehmen Sie morgens, mittags und abends.

3

○ Möchtest du einen Kaffee?
□ Nein danke, ich darf nicht.
○ Warum denn nicht?
□ Ich habe ein Magengeschwür. Der Arzt sagt, ich soll keinen Kaffee trinken.
○ Darfst du denn Tee trinken?
□ Oh ja, das soll ich sogar.

Kaffee – ein Magengeschwür haben – Tee
Eis essen – Durchfall haben – Schokolade
Kuchen – Verstopfung haben – Obstsalat
Schweinebraten – zu dick sein – Salat
Kaffee – nervös sein – Milch
Fisch – eine Fischallergie haben – Hähnchen
Cognac – Herzbeschwerden – Mineralwasser

4

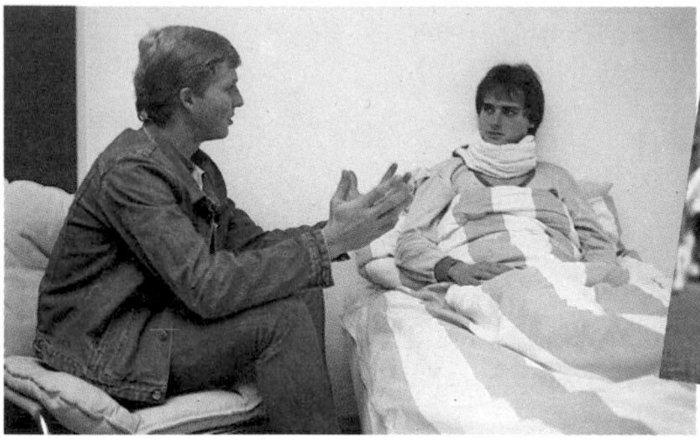

Jochen ist erkältet und hat Fieber. Sein Freund Rolf besucht ihn.
Rolf und Jochen spielen zusammen in einer Fußballmannschaft. Am Samstag ist ein sehr wichtiges Spiel. Jochen soll unbedingt mitspielen: Seine Mannschaft braucht ihn, denn er spielt sehr gut.

○ Jochen, du mußt am Samstag unbedingt mitspielen.
□ Ich möchte ja gern, aber ich kann wirklich nicht. Mir geht's nicht gut. Ich habe Fieber.
○ Fieber, das ist doch nicht so schlimm. 90 Minuten kannst du bestimmt spielen.
□ Das sagst du! Aber mein Arzt sagt, ich soll im Bett bleiben.
○ Ach, dein Arzt! Komm, spiel doch mit!
□ Nein, ich will lieber im Bett bleiben. Meine Gesundheit ist mir wichtiger als das Spiel.

○
Sag mal: Willst du nicht oder kannst du wirklich nicht?
Na gut, dann nicht. Dann wünsche ich dir gute Besserung.
□ . . .

S. 140, 2

Schreiben Sie weitere Dialoge mit Ihren Nachbarn.
Spielen Sie dann die Dialoge.

1. 

Roland hat Halsschmerzen.
Er spielt in einer Jazzband Trompete.
Am Wochenende müssen sie spielen.
Aber Roland kann nicht.

2. 

Herr Koch ist Mechaniker bei der Firma Heinen KG in Offenbach. Er ist seit 10 Tagen krank. Er hat ein Magengeschwür. Sein Chef, Herr Christ, ruft ihn an. Herr Koch soll in die Firma kommen, denn Herr Christ braucht ihn unbedingt. Aber Herr Koch kann nicht arbeiten.

AOK | LKK | BKK | IKK | VdAK | AEV | Knappschaft

DAK München

Name des Versicherten: KOCH — Vorname: Werner — geb. am: 12.5.60

Arbeitgeber (Dienststelle)/Mitgl.-Nr.: HEINEN KG

Wohnung des Patienten: Offenbach, Kleiststr. 26

Bitte sofort dem Arbeitgeber vorlegen!

Arbeitsunfähigkeitsbescheinigung zur Vorlage beim Arbeitgeber ☒ *)

Erstbescheinigung

Folgebescheinigung ☐

Arbeitsunfähig seit: 06 08 82

Voraussichtlich arbeitsunfähig bis einschließlich: 22 08 82

Arbeitsunfall, Arbeitsunfallfolgen, Berufskrankheit ☐ *)

Der oben angegebenen Krankenkasse wird unverzüglich eine Bescheinigung über die Arbeitsunfähigkeit mit Angaben über den Befund sowie die voraussichtliche Dauer der Arbeitsunfähigkeit übersandt.

Festgestellt am: 6.8.1982

Dr. med. Klaus Thoma
Internist
Bahnhofstr. 22 - Tel. 0 89 / [illegible] 08
8045 Ismaning
63/19 447
Arztstempel

Unterschrift des Arztes

Muster 1 a (4. 1979)

*) Zutreffendes bitte ankreuzen

Ist ein Arbeitnehmer in der Bundesrepublik Deutschland krank, muß er am dritten Tag zum Arzt gehen. Der Arzt schreibt ihm dann eventuell eine Arbeitsunfähigkeitsbescheinigung. Diese Bescheinigung gibt der Arbeitnehmer seinem Arbeitgeber. Der Arbeitgeber darf dem Arbeitnehmer dann nicht kündigen. Dauert die Krankheit länger, muß der Arbeitgeber den Lohn für sechs Wochen weiterzahlen.

B3

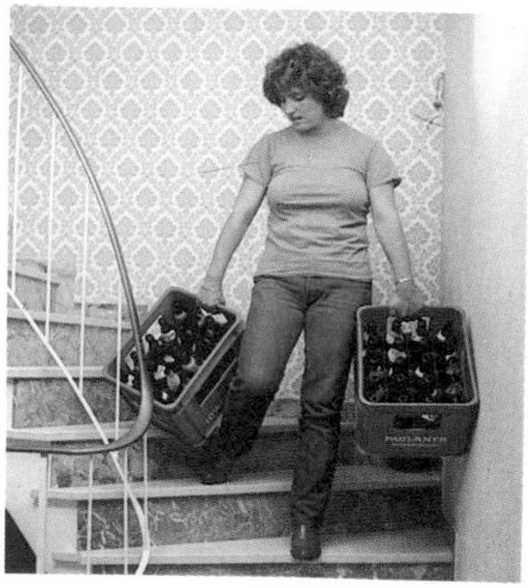

1. Dann habe ich die Bierflaschen nach unten gebracht.

5. Meine Kollegin ist gekommen und hat mir geholfen.

9. Dann bin ich gefallen.

Und was ist nun wirklich passiert?
Ordnen Sie die Bilder.
Es gibt drei Geschichten.
(Nur eine ist wirklich passiert.)

A				
B				
C				

2. Ich habe Fußball gespielt.

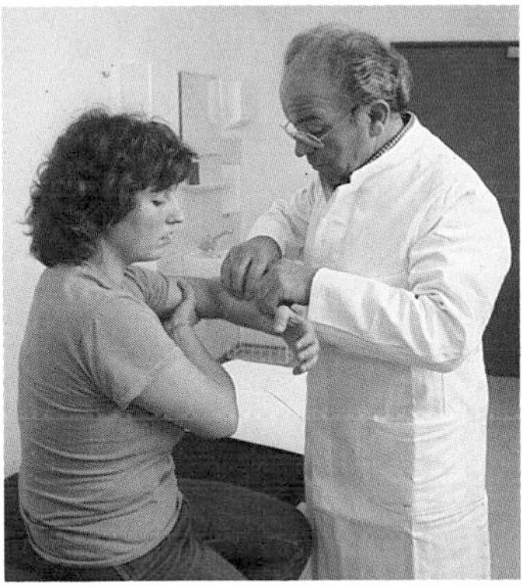

3. Mein Arm hat sehr weh getan, und ich bin zum Arzt gegangen.

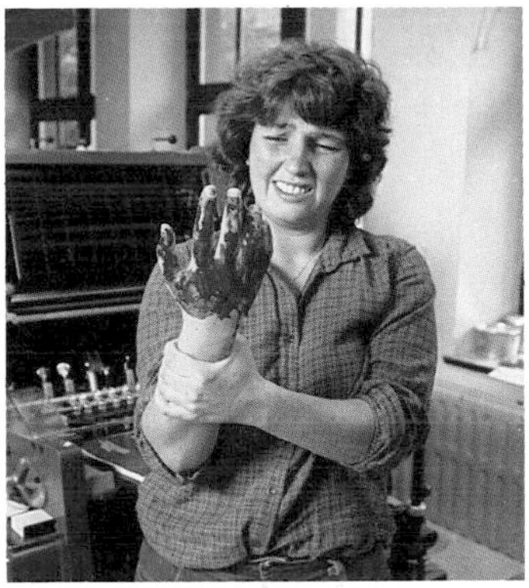

4. Mensch, da habe ich laut geschrien.

6. Plötzlich ist meine Hand in die Maschine gekommen.

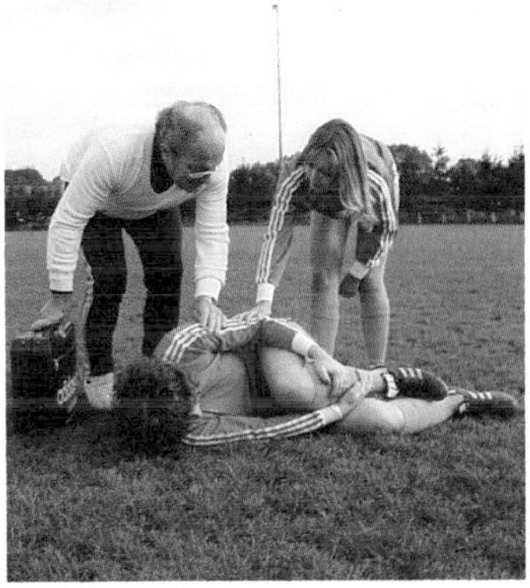

7. Meine Freundin hat den Arzt geholt. Er hat gesagt: „Das Bein ist gebrochen."

8. Ich bin wieder aufgestanden. Aber das Bein hat zu sehr weh getan.

10. Plötzlich bin ich gefallen.

11. Ich habe die Küche aufgeräumt.

12. Ich habe wie immer an der Maschine gearbeitet.

S. 141, 3

Hartmut hat im Winter in Lenggries in Bayern Ski fahren gelernt.
Der Skikurs hat drei Wochen gedauert.
Hier das tägliche Programm.

Skikurs Anfänger 3

Lehrer:	Hannes Pfisterer
7.00	aufstehen
7.45	Frühstück
9.00–12.00	Skitraining
12.00	Mittagessen
13.00–15.00	Skitraining
18.00	Abendessen

Erzählen Sie:

Hartmut ist jeden Tag um 7^{00} Uhr aufgestanden . . .

frühstücken	–	gefrühstückt
Ski fahren	–	Ski gefahren
trinken	–	getrunken

Aber der 30. Januar 1983 war ein Unglückstag. Erzählen Sie:

Der eingebildete Kranke

● Herr Doktor, ich bin nicht gesund.
□ Na, wo fehlt's denn?
● Das weiß ich auch nicht. Ich weiß nur, ich bin nicht ganz gesund.
□ Sie sind also krank?
● Krank? Glauben Sie, ich bin krank?
□ Das weiß ich doch nicht!
● Aber – Sie sind doch der Arzt!
□ Hören Sie! Haben Sie Schmerzen?
● Ich? Wo?
□ Mein Gott, das weiß ich doch nicht!
Tut Ihnen irgend etwas weh?
● Nein, das nicht. *Irgend etwas* tut mir nicht weh.
□ Schmerzen haben Sie also keine?
● Bis jetzt noch nicht. Aber vielleicht kommt das noch.
□ Unsinn! – Wie ist Ihre Verdauung?
● Nicht gut – gar nicht gut.
□ Aha! Sie verdauen schlecht!
● Wenig, Herr Doktor, sehr wenig.
□ Mit einem Wort, Ihre Verdauung ist schlecht.
● Das will ich nicht sagen. Ich verdaue nur wenig. Aber das dann sehr gut.
□ Jetzt aber Schluß.
● Herr Doktor – ich esse auch sehr wenig.
□ Aha, Sie haben keinen Appetit.
● Oh doch!
□ Aber Sie sagen doch gerade . . .
● Herr Doktor, ich esse auch wenig. Aber das mit großem Appetit.
□ Also, Sie sind vielleicht komisch!
● Sehen Sie! Deshalb komme ich ja zu Ihnen!
□ Was ist mit Ihren Nieren? Funktionieren die?
● Das ist auch so ein Punkt, Herr Doktor, meine Nieren funktionieren fast gar nicht!
□ Aha!
● Manchmal frage ich mich: hast du überhaupt Nieren?
□ Unsinn! Jeder Mensch hat Nieren.
● Sind Sie ganz sicher?
□ Wahrscheinlich trinken Sie auch wenig.
● Nein, Herr Doktor, ich trinke sehr viel. Bier, Limonade und vor allem Wasser.
□ So. – Und wo bleibt das alles?
● Das frage ich mich auch. Ich glaube, ich schwitze alles wieder aus.
□ Was Sie nicht sagen. – Und warum schwitzen Sie so viel?
● Ich – wissen Sie . . . ich laufe ständig zum Arzt . . .
□ Ich verstehe! Fünfzig Mark! Für die Konsultation!
● Fünfzig Mark. – Sehen Sie, Herr Doktor, jetzt fange ich schon wieder an zu schwitzen!

A

Lektion 10

1982

Friedensdemonstration in New York

Krieg zwischen Argentinien und Großbritannien

Ingrid Bergman

Papst Johannes Paul II. in Großbritannien

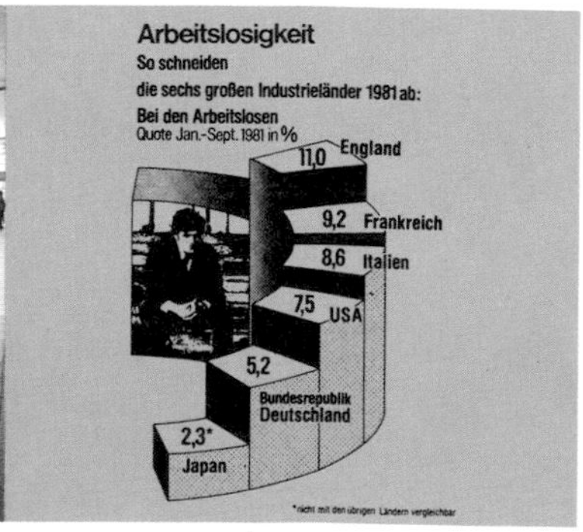

Auf dem Arbeitsamt

Prinz William und seine Eltern

Fußballweltmeisterschaft: Spiel zwischen Deutschland und Italien

1. Was ist 1982 passiert?

... ist Italien Fußballweltmeister geworden.

... haben Diana und Charles ein Kind bekommen.

... war Krieg zwischen Großbritannien und Argentinien.

... ist Ingrid Bergman gestorben.

... hat der Papst eine Reise nach Großbritannien gemacht.

... haben 500 000 Menschen in New York für den Frieden demonstriert.

... hatten Millionen Menschen in Europa und USA keine Arbeit.

S. 142 + 143

2. Und was haben Sie 1982 gemacht?

3. Wo warst du?

○ Krüger.
■ Hier ist Gerd. Grüß dich!
Du, Sybille, wo warst du eigentlich
Montag abend?
Wir waren doch verabredet.
○ Mensch, tut mir leid.
Das habe ich total vergessen.
Da war ich im Kino.

■	Montag	Dienstag	Mittwoch	Donnerstag	Freitag	Samstag	Sonntag
	morgen	mittag	nachmittag	abend			
○	arbeiten, schlafen, zu Hause, lesen, einkaufen, krank, Tennis, schwimmen, Theater, Kino, fernsehen, Restaurant, essen						

4. Was hast du . . . gemacht?

a) Fragen Sie Ihren Nachbarn.

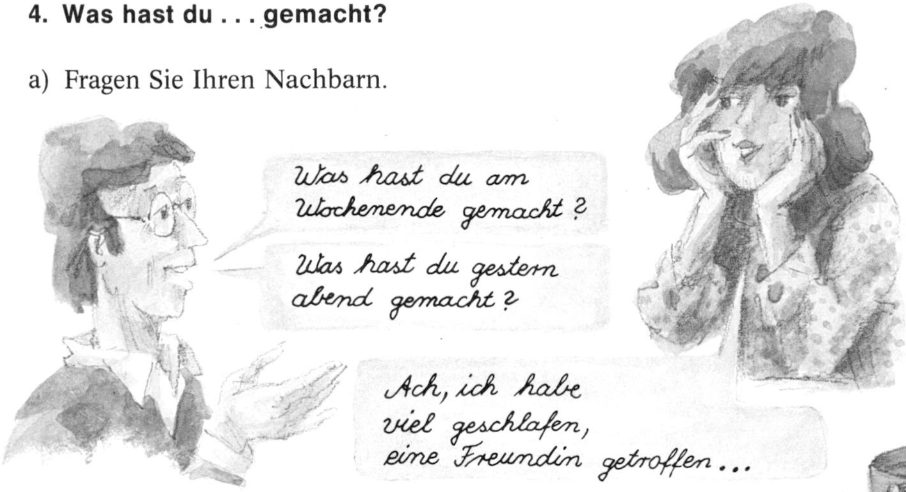

b) Sie treffen einen Freund.
Sie haben ihn ein Jahr nicht gesehen.

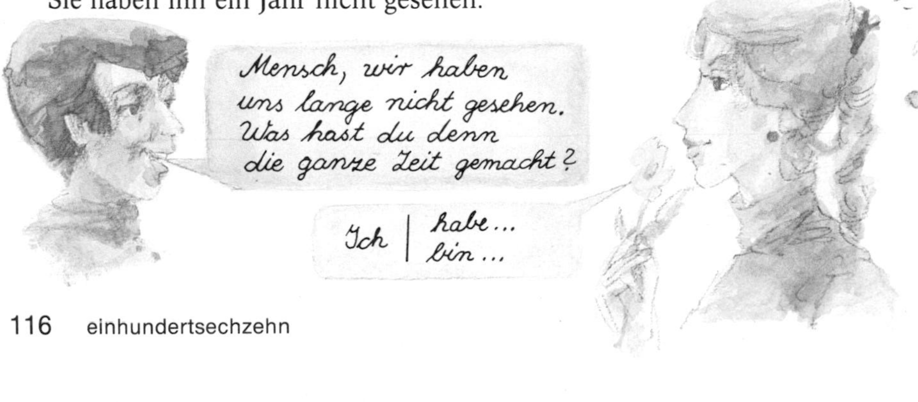

Schwarzer Freitag in New York.

Arbeiterdemonstration in Berlin.

1929

Viele Menschen haben keine Arbeit und leben in Slums.

Eine Schulklasse im Jahr 1929.

Die Menschen haben wenig Geld.
Ein Brot kostet ungefähr 0,50 RM (Reichsmark).
Es gibt zu wenig Wohnungen. Seit 1919 gibt es den 8-Stunden-Tag, aber viele Menschen müssen 12 oder 14 Stunden pro Tag arbeiten und bekommen nur 120 bis 150 RM im Monat, ein Angestellter bekommt ungefähr 2.000 RM.
Im Mai demonstrieren 200.000 Arbeiter in Berlin.
Die Polizei bringt 1.200 ins Gefängnis, 31 sterben.
Der 25. Oktober ist der „Schwarze Freitag" in New York.
Die Weltwirtschaftskrise fängt an.
Im Dezember 1929 haben 1,5 Millionen Menschen in Deutschland keine Arbeit, im Januar 1930 sind es 2,8 Millionen und im Februar 1930 sind es 3,5 Millionen.
Eine Koalition ist an der Regierung. Hermann Müller (Sozialdemokrat) ist Reichskanzler.
Die Nationalsozialisten (NSDAP) haben im Reichstag (Parlament) nur 2,6%.

B2

2

Walter Ruhland
1920 geboren in Rosenheim
Vater: Josef Ruhland, Kriegsinvalide, lange ohne Arbeit
1926–41 Schule in München
1941 Abitur
1941–45 Soldat in Westpreußen und Holland
1945–50 Theologiestudium
heute Religionslehrer in München

○ Herr Ruhland, Sie sind 1920 geboren und waren in der Klasse hier auf dem Photo. Wo sind Sie da?

□ Hier oben links, neben dem Lehrer, das bin ich.

○ Wie alt waren Sie damals?

□ Na, ungefähr 10 Jahre.

○ Wie haben Sie die Zeit damals erlebt?

□ Ja, also . . .
Wissen Sie, wir hatten es nicht leicht. Mein Vater war nämlich Kriegsinvalide von 1918. Er hatte keine Arbeit, und wir hatten nicht viel Geld zu Hause.

○ Sind Sie gern zur Schule gegangen?

□ Ja, das kann man schon sagen. Ich habe gern für die Schule gelernt. Sehr gern habe ich Deutsch und Religion gehabt.

○ Herr Ruhland, Sie sind heute Religionslehrer. Wie ist das gekommen?

□ Ich habe schon gesagt: ich habe gern Religion gehabt. Später hat mein Vater doch noch eine Arbeit gefunden, und ich bin dann zum Gymnasium gegangen. Bis 1941.

Lesen Sie weiter auf S. 120

1929 bis 1933 Die Weimarer Republik – die erste demokratische Republik in Deutschland – zerfällt nach und nach.
1930 3,5 Millionen Arbeitslose
1931 5,6 Millionen Arbeitslose
1932 6,2 Millionen Arbeitslose
1933 6,1 Millionen Arbeitslose

Der Reichstag in der Weimarer Republik

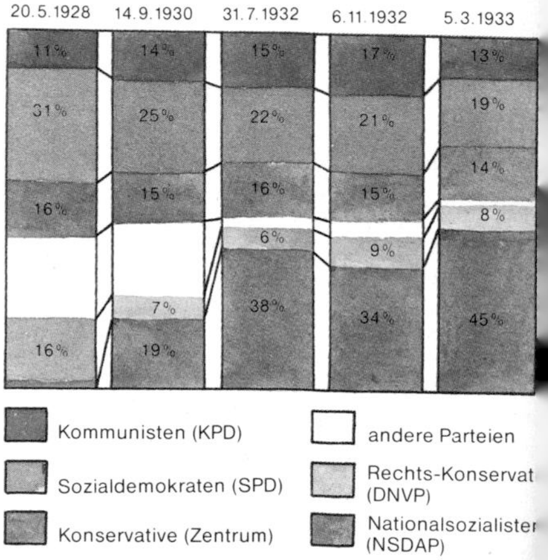

1933 Hitler wird Reichskanzler
1934 Hitler heißt jetzt „Führer und Reichskanzler". Er regiert als absoluter Diktator.
1935 Die deutschen Juden verlieren die bürgerlichen und politischen Rechte. Juden und Nichtjuden dürfen nicht heiraten.
1936 Aufrüstung der Wehrmacht. Es gibt nur noch 1 Million Arbeitslose, aber Deutschland hat 35 Milliarden Reichsmark Schulden. (1932 waren es 12 Milliarden.)

Arbeitslose in Deutschland

1933: Hitler und Hindenburg

1939: Militärparade in Berlin

Armin Fink
1919 geboren in Garmisch
Vater: Schlosser in einer Flugzeugfabrik, Sozialdemokrat
1926-34 Schule in München
1941-45 Soldat in Frankreich
1946-53 Elektriker
seit 1953 Angestellter bei der Bundesbahn

○ Herr Fink, Sie sind der Junge unten rechts auf dem Photo. Sie sehen ernst aus ...

□ Na, sind Sie vielleicht gerne zur Schule gegangen? Also ich nicht. Übrigens: ich *war* damals sehr ernst. Die Zeiten waren ja auch sehr schlecht.

○ Wie haben Sie denn das Jahr 1933 erlebt?

□ Oh, das war schlimm für meine Familie. Mein Vater war nämlich Sozialdemokrat. Er hat immer gesagt: „Hitler – das heißt Krieg." Nachts hat er Flugblätter geschrieben. Seine Freunde haben sie dann verteilt.
Ja, und dann war plötzlich Hitler an der Regierung. Und dann im November 1933, ich weiß es noch, ist um 12 Uhr in der Nacht die Gestapo gekommen. Wir haben gemeint, wir sehen den Vater nicht wieder.

○ Und was ist dann passiert?

□ Nach drei Tagen ist er wieder nach Hause gekommen. Aber er war dann doch sehr vorsichtig.

○ Und wie war es in der Schule?

□ Viele Lehrer waren Nazis, aber unser Lehrer Wimmer war anders. Wir hatten ihn in der 7. und 8. Klasse.

Lesen Sie weiter auf S. 121

- ○ 1941 – da war doch Krieg?
  - □ Ja, ja, das war schon sehr schlimm damals. Ich habe Abitur gemacht und bin dann sofort Soldat geworden. Und 1946 habe ich dann mein Studium angefangen.
- ○ Sprechen wir auch noch von der Hitlerzeit. Was haben Sie über Hitler gedacht?
  - □ Na ja, 1933, wissen Sie, ich war noch ein Kind.
- ○ Aber dann sind Sie doch Soldat geworden?
  - □ Ja, es war Krieg, und die Männer sind alle Soldaten geworden. Ich war noch jung, und ich habe gedacht: „Wir müssen Deutschland verteidigen."
- ○ Was denken Sie heute?
  - □ Nun, viele sind im Krieg gefallen: der Peter Huber, der Karl, der Franz . . .
    Die Zeit war sehr schlimm.
- ○ Warum haben Sie Theologie studiert?
  - □ Sehen Sie, 1945 war Deutschland kaputt, Millionen von Menschen waren tot. Ich habe einen neuen Anfang gesucht.

1939	Hitler beginnt den 2. Weltkrieg.
seit 1939	In Deutschland töten die Nazis 100 000 geistig und physisch Behinderte und psychisch Kranke. In Polen verfolgt Hitler besonders die polnische Intelligenz. Auch in anderen Ländern Osteuropas töten die Nazis – nicht nur im Krieg – Millionen von Menschen.
1941	Hitler erklärt im Juni der Sowjetunion und im Dezember den USA den Krieg.
1942	Die „Endlösung der Judenfrage" beginnt. Bis 1945 ermorden Hitler und seine Helfer ungefähr 6 Millionen Juden, aber auch mehrere Hunderttausend Zigeuner
1944	Attentat auf Hitler. Ohne Erfolg.
1945	Ende des 2. Weltkriegs.

1	Herr Fink
2	Der Vater von Herrn Fink
3	Herr Ruhland
4	Der Vater von Herrn Ruhland
5	Herr Wimmer

A	war gegen Hitler.
B	ist gern zur Schule gegangen.
C	hat nicht viel über Hitler und seine Politik nachgedacht.
D	hatte gern Deutsch und Religion in der Schule.
E	hatte 1929 wenig Geld.
F	war ein guter Lehrer.

1939: deutscher Einmarsch in Polen

Juden im Ghetto in Warschau

1945: Die Stadt Dresden

Einmal ist er in die Schule gekommen und hat nicht „Guten Morgen" gesagt. Sein Gesicht war sehr ernst, und dann hat er nur gesagt: „Heil Hitler!"
Wir haben gelacht. Darauf hat er geantwortet: „Buben, lacht nicht! Jetzt könnt ihr lange Zeit nicht mehr lachen. Deutschland geht jetzt ins Massengrab."
Später hat ein Schüler bei der Polizei gesagt: „Unser Lehrer ist ein Kommunist."

G	war ein Nazi.
H	war Sozialdemokrat.
I	war Kommunist.
J	war im Gefängnis.
K	hat 1946 einen neuen Anfang gesucht.
L	war für den Krieg.

Setzen Sie ein:
richtig (r) – falsch (f) – man weiß es nicht (?)

	A	B	C	D	E	F	G	H	I	J	K	L
1												
2												
3												
4												
5												

B2

Zwei Lebensläufe

3

S. 142, 143

1876	Konrad Adenauer in Köln geboren
1894	macht das Abitur in Köln
1896–1901	studiert in Freiburg, München und Bonn Jura
1901	besteht das Juraexamen
1902–1904	arbeitet bei der Staatsanwaltschaft und beim Gericht
1904	heiratet Emma Weyer in Köln
1904–1906	ist Assistent bei einem Kölner Rechtsanwalt
1908	wird Mitglied in der Zentrumspartei und Beigeordneter (Bürgermeister-Assistent)
1916	stirbt seine Frau Emma
1917	wird Oberbürgermeister in Köln
1919	heiratet Auguste Zisser
1933	entlassen die Nazis den Oberbürgermeister Adenauer
1935	zieht Adenauer mit seiner Familie nach Rhöndorf
1944	verhaftet die Gestapo Adenauer (Attentat auf Hitler); nach zwei Monaten ist er wieder frei
1946–1966	CDU-Vorsitzender
1949–1962	Bundeskanzler der Bundesrepublik Deutschland
1967	gestorben in Rhöndorf

1913	als Herbert Ernst Karl Frahm in Lübeck geboren
1931	wird Mitglied in der Sozialistischen Arbeiterpartei
1932	macht das Abitur in Lübeck
1932–1933	arbeitet bei einer Schiffsmaklerfirma in Lübeck
1933	schreibt illegal Flugblätter gegen die Nazis, flieht nach Norwegen, ändert seinen Namen in Willy Brandt
1933–1940	ist Journalist in Norwegen, organisiert im Ausland den Widerstand gegen Hitler
1936	ist illegal als Norweger Gunnar Gaasland in Berlin
1938	verliert die deutsche Staatsbürgerschaft
1940	bekommt die norwegische Staatsbürgerschaft, flieht nach Schweden (Hitler überfällt Norwegen und Dänemark)
1941	heiratet Carlotta Thorkildsen
1942–1945	arbeitet als Journalist in Schweden
1944	wird Mitglied in der Exil-SPD in Stockholm
1947	wird wieder Deutscher
1948	heiratet Rut Hansen (Scheidung von Carlotta Thorkildsen)
1949–1957	Berliner Abgeordneter im Bundestag
1957–1966	Regierender Oberbürgermeister in Berlin
1961+1965	SPD-Bundeskanzlerkandidat
seit 1964	SPD-Vorsitzender
1971	bekommt den Friedensnobelpreis
1969–1974	Bundeskanzler der Bundesrepublik Deutschland

Berichten Sie: 1876 ist Konrad Adenauer in Köln geboren, 1894 hat er . . .

Abgeschlossene Vergangenheit

○ Du, Papi, was heißt eigentlich HJ?
□ Was?
○ Sag mal, was heißt HJ?
□ Wo steht das?
○ Ach, das ist so ein Text, den hat uns unser Geschichtslehrer gegeben, der Herr Specht.
□ So, so – HJ, das heißt Hitlerjugend.
○ Hat denn der Hitler auch seine eigene Jugend gehabt?
□ Nein, so direkt kann man das nicht sagen. Aber es hat damals eine Organisation gegeben, für die Jugend, die Hitlerjugend, verstehst du?
○ Und was hat die Hitlerjugend gemacht?
□ Na ja, viel gesungen und marschiert – was man so macht.
○ Sind die auch in Discos gegangen?
□ Nein, nein, Discos hat es damals noch nicht gegeben! – Was ist mit deinen Schulaufgaben? Bist du fertig?
○ Ja, sofort. – Du, Papi, bist du damals auch in der Hitlerjugend gewesen?
□ Ja, wie fast alle Jungen.
○ Dann bist du also auch immer nur marschiert und hast viel gesungen?
□ Ja, mein Gott, natürlich nicht nur. Wir haben auch noch anderes gemacht. Lagerfeuer und so.
○ Und alles für Adolf Hitler?
□ Ja – nein – so kann man das nicht sagen. – Sag mal, warum willst du das eigentlich so genau wissen?
○ Wir haben jetzt „Hitler und den Nationalsozialismus" in der Schule.
□ So, so.
○ Du, Papi, bist du eigentlich auch Nazi gewesen?
□ Natürlich nicht! Ein Junge von 12 Jahren versteht das alles doch noch gar nicht. Der denkt nur an Lagerfeuer.
○ Und der Opa? Ist der Nazi gewesen?
□ Nein, ja. – Also nicht richtig.
○ Hast du denn den Opa nicht gefragt?
□ Ich glaube nicht, ich weiß das nicht mehr so genau. Hör zu, das alles ist schon lange vorbei. Und jetzt mach bitte endlich deine Schulaufgaben fertig, ja!

Grammatikübersicht zu den Lektionen

Lektion 1

1. Verben und Ergänzungen im Satz

a) Aussagesatz *b) Satzfrage mit Inversion* *c) Imperativ mit Inversion*

	Subjekt	Verb	Subjekt	Angabe	obligatorische Ergänzung	Verb
					Hans Müller	heißen
					Hans Müller	sein
					–	verstehen
					–	buchstabieren
a)	Ich	heiße			Hans Müller.	
	Ich	bin			Hans Müller.	
	Mein Name	ist			Hans Müller.	
	Das	ist			Hans Müller.	
	Ich	verstehe		nicht.		
b)		Heißen	Sie		Hans Müller?	
		Sind	Sie		Hans Müller?	
		Verstehen	Sie	nicht?		
c)		Buchstabieren	Sie	bitte!		

d) *Wortfrage mit Fragewort und Inversion*

Inversions-signal	Subjekt	Verb	Subjekt	Angabe	obligatorische Ergänzung	Verb
					wer?	sein
					wie?	heißen
					woher?	kommen
					Hans Müller	sein
					Hans Müller	heißen
					aus Deutschland	kommen
Wer		ist	das?			
	Das	ist			Hans Müller.	
Wie		heißen	Sie?			
	Ich	heiße			Hans Müller.	
Woher		kommen	Sie	(denn)?		
	Ich	komme		(auch)	aus Deutschland.	

2. Personalpronomen und Verb:

				heißen, kommen		sein
Singular	*1. Person*		ich	heiße komme	-e	bin
	2. Person		Sie	heißen kommen	-en	sind
	3. Person		er sie (es)	heißt kommt	-t	ist
Plural	*3. Person*	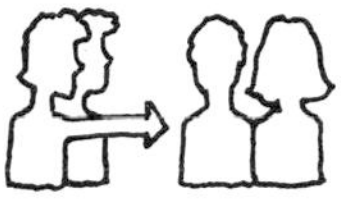	sie	heißen kommen	-en	sind

Lektion 2

1. Personalpronomen und Verb

a) *2. Person Singular*  du — lernst — -st

b)

Infinitiv	*Verben mit Normalform* lernen*	*Verben mit besonderen Formen* arbeiten warten	heißen	sprechen	haben	sein
ich	lerne	arbeite warte	heiße	spreche	habe	bin
du	lernst	arbeitest wartest	heißt	sprichst	hast	bist
Sie	lernen	arbeiten warten	heißen	sprechen	haben	sind
er/ sie/ (es)	lernt	arbeitet wartet	heißt	spricht	hat	ist
sie	lernen	arbeiten	heißen	sprechen	haben	sind

* *ebenso:*
machen – leben – wohnen – kommen – schreiben – studieren – liegen – verstehen – (mögen:) ich möchte

2. Verben und ihre Ergänzungen und Angaben

Inversions-signal	Subjekt	Verb	Subjekt	Angabe	obligatorische Ergänzung	Verb
					was?	sein
					was?	machen
					wie alt?	sein
					wie lange?	arbeiten
					Lehrerin (von Beruf)	sein
					Mechaniker	sein
					28 Jahre alt	sein
					neu	sein
					drei Tage	arbeiten
Was		sind	Sie		von Beruf?	
	Ich	bin			Lehrerin (von Beruf).	
Was		machen	Sie?			
	Ich	bin			Mechaniker.	
Wie alt		sind	Sie?			
	Ich	bin			28 Jahre alt.	
Wie lange		arbeiten	Sie	hier?		
		Sind	Sie	hier	neu?	
	Ich	arbeite		hier erst	drei Tage.	

					was?	machen lernen studieren sprechen
					Deutsch	lernen
					Chemie	studieren
					Deutsch	sprechen
Was		machst	du	denn hier?		
	Ich	lerne		hier	Deutsch.	
	Ich	studiere		hier	Chemie.	
	Du	sprichst		(aber)(schon)	Deutsch.	
				gut		

Inversions-signal	Subjekt	Verb	Subjekt	Angabe	obligatorische Ergänzung	Verb
					wo?	wohnen arbeiten studieren liegen
					in Köln	wohnen
					in Köln	arbeiten
					in Bonn	studieren
					bei Köln	liegen
Wo		wohnen	Sie?			
	Ich	wohne			in Köln.	
Wo		arbeiten	Sie?			
	Ich	arbeite		auch	in Köln.	
Wo		studieren	Sie?			
	Ich	studiere			in Bonn.	
Wo		liegt	das	denn?		
	Das	liegt			bei Köln.	

⚠ !

	wo?	studieren
	was?	studieren
	in Köln	studieren
in Köln	Chemie	studieren

3. Das Modalverb „mögen" im Satz

	in Österreich	wohnen	
	Spanisch	lernen	
	Französisch	lernen	mögen
	in Paris	wohnen	mögen

Subjekt	Verb	Subjekt	Angabe	obligatorische Ergänzung	Verb
Ich	wohne			in Österreich.	
Ich	lerne		hier	Spanisch.	
Ich	möchte		hier	Französisch	lernen.
Ich	möchte			in Paris	wohnen.
	Möchten	Sie	auch	in Paris	wohnen?

Lektion 3

1. Artikel und Nomen

	indefiniter Artikel positiv	indefiniter Artikel negativ	definiter Artikel
Singular	ein, eine, ein	kein, keine, kein	der, die, das
Plural	–	keine	die

Singular	*Maskulinum*	Das ist	ein	Tisch,
		das ist	kein	Stuhl.
			Der	Tisch ist groß.
	Femininum	Das ist	eine	Dusche,
		das ist	keine	Badewanne.
			Die	Dusche ist klein.
	Neutrum	Das ist	ein	Schlafzimmer,
		das ist	kein	Wohnzimmer.
			Das	Schlafzimmer ist hell.
Plural		Das sind		Stühle,
		das sind	keine	Tische.
			Die	Stühle sind neu.

Artikel im Plural: Maskulinum = Femininum = Neutrum

2. Definiter Artikel/Definitpronomen/Personalpronomen

Singular	*Maskulinum*		Der	Bungalow	in der Zeitung,
		ist	der		noch frei?
		Ja,	er		ist noch frei.
	Femininum		Die	Wohnung	in der Zeitung,
		ist	die		noch frei?
		Ja,	sie		ist noch frei.
	Neutrum		Das	Haus	in der Zeitung,
		ist	das		noch frei?
		Ja,	es		ist noch frei.
Plural			Die	Bungalows	in der Zeitung,
		sind	die		noch frei?
		Ja,	sie		sind noch frei.

3. Verben und Ergänzungen im Satz: Qualitativergänzung

bequem alt modern	sein

	Ist	der Sessel		bequem?
Die Couch	ist		wirklich	bequem.
Das Bett	ist		auch	bequem.
Die Möbel	sind		sehr	bequem.

Qualitativergänzung

! *Adjektiv als Qualitativergänzung = unflektiert*

4. Personalpronomen und Verb: 1. und 2. Person Plural

					! haben	sein
1. Person Plural		wir	heißen kommen sprechen arbeiten	-en	haben	sind
2. Person Plural	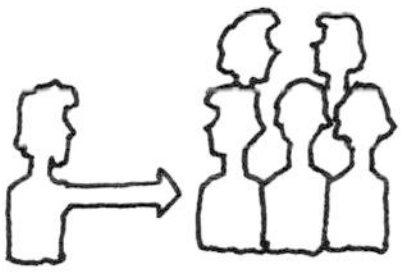	ihr	heißt kommt sprecht arbeitet	-t	habt	seid

S. 125

Lektion 4

1. Nomen: Pluralformen

Singular	+	=	*Plural*	*Ebenso:*
Kuchen	-		Kuchen	Brötchen, Zimmer, Möbel, Becher
Nagel	¨ -		Nägel	
Brot	- e		Brote	Salate, Teppiche, Tische, Stücke
Stuhl	¨ - e		Stühle	Schränke, Städte, Säfte
Flasche	- n		Flaschen	Duschen, Dosen, Kisten
Frau	- en		Frauen	Wohnungen, Packungen
Ei	- er		Eier	
Glas	¨ - er		Gläser	Männer, Häuser
Kotelett	- s		Koteletts	Appartements

S. 124, 1d

2. Der Akkusativ

a) Verben und ihre Ergänzungen im Satz: Subsumptivergänzung und Akkusativergänzung

wer?	sein
was?	sein
Frau Zirbel	sein
ein Kuchen	sein

Wer		ist	das	denn?	
	Das	ist			Frau Zirbel.
Was		ist	das?		
	Das	ist			ein Kuchen.
	Das	ist			

Subsumptivergänzung (Nominativ)

was?	essen
was?	trinken
einen Kuchen	essen
einen Tee	trinken
einen Kuchen	nehmen

S. 126

Was		ißt	Frau Z.	heute?	
	Sie	ißt			einen Kuchen.
Was		trinkt	sie?		
	Sie	trinkt			einen Tee.
	Sie	nimmt			einen Kuchen.

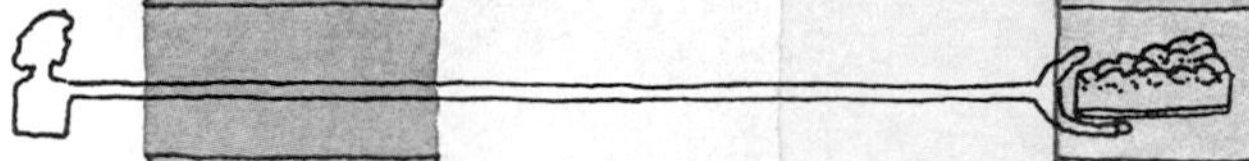

Akkusativergänzung (Akkusativ)

S. 128, 1

b) Artikelformen im Akkusativ

Maskulinum	einen keinen den	Kuchen essen
Femininum	eine keine die	Cola trinken
Neutrum	ein kein das	Brot essen
Plural	keine die	Brötchen essen

c) Verben mit Akkusativergänzung

was?		machen
einen	Kartoffelsalat	essen
einen	Kaffee	trinken
einen	Kuchen	nehmen
kein	Steak	bekommen
den	Fisch	bezahlen
ein	Hähnchen	kochen
eine	Flasche Wasser	kaufen
eine	Dose Milch	haben

! Es gibt keinen Kartoffelsalat.
(es gibt + *Akkusativ*)

3. Mengenangaben

Was	trinkt Herr Meier? – Er trinkt		Bier.
Wieviel Bier	trinkt Herr Meier? – Er trinkt	ein Glas	Bier.
		drei Gläser	Bier.
Was	ißt Herr Meier? – Er ißt		Kartoffeln.
Wieviel Kartoffeln	ißt Herr Meier? – Er ißt	eine	Kartoffel.
		drei	Kartoffeln.
		einen Teller	Kartoffeln.
		drei Teller	Kartoffeln.

⚠ ein Bier = ein Glas Bier; einen Kaffee = eine Tasse Kaffee

4. Inversion

Was?	essen
ein Brötchen / Suppe / Salat	essen

S. 124, 1d

a) Fragewort als Inversionssignal
b) Angabe als Inversionssignal
c) Ergänzung als Inversionssignal

a)	Was	ißt	Herr M.	zum Frühstück?	
b)	Zum Frühstück	ißt	er		ein Brötchen.
c)		Essen	Sie	gern	Suppe?
Nein,	Suppe	esse	ich	nicht,	
aber	Salat	esse	ich	gern.	

5. Imperativ

Suppe	nehmen

S. 124, 1c

Ich	möchte		noch	Suppe.
	Nehmen	Sie	doch noch	Suppe!
	Nimm		doch noch	Suppe!
	Nehmt		doch noch	Suppe!

⚠

Sie:	Nehmen Sie!	(= Infinitiv + „Sie")
du:	Nimm!	(= 2. P. Sg. ohne -st: nimm~~st~~)
ihr:	Nehmt!	(= 2. P. Plural)

6. Verbformen: Verben mit Vokalwechsel/Sonderformen

S. 125, 1b

			sprechen	essen	nehmen
Singular	*1. Person*	ich	spreche	esse	nehme
	2. Person	du	sprichst	ißt	nimmst
		Sie	sprechen	essen	nehmen
	3. Person	er/sie/es	spricht	ißt	nimmt
Plural	*1. Person*	wir	sprechen	essen	nehmen
	2. Person	ihr	sprecht	eßt	nehmt
	3. Person	sie	sprechen	essen	nehmen

Lektion 5

S. 130

1. Verben und ihre Ergänzungen im Satz

a) Akkusativergänzung

b) Verbativergänzung

Tennis	spielen
Musik	machen
schwimmen	gehen
essen	gehen

a)	Die Leute	spielen			Tennis.
	Sie	machen		auch	Musik.

↑ *Akkusativergänzung*

S. S131, 4b

b)	Sie	gehen		auf Deck 2	schwimmen.
	Auf Deck 8	gehen	sie		essen.

↑ *Verbativergänzung*

2. Verben mit Verbzusatz

–	fern	sehen
die Küche	auf	räumen

Die Leute	sehen	auch		fern.
Der Kellner	räumt		die Küche	auf.

↑ *Verbzusatz*

!		
	fernsehen	Sie sieht fern.
	aufräumen	Er räumt auf.
	↓ *1 Wort*	↓ ↓ *2 Wörter!*

S. 127, 3

3. Modalverben: können, müssen, mögen (ich möchte)

a) im Satz

–	arbeiten	können
–	mit kommen	müssen
die Wohnung	auf räumen	müssen
schwimmen	gehen	mögen

		Ich	muß		noch		arbeiten.
		Ich	kann		nicht		mitkommen.
	Dann		muß	ich		die Wohnung	aufräumen.
Und	nachher		möchte	ich		schwimmen	gehen.

b) Modalverben: Formen

ich	kann	muß	möchte
du	kannst	mußt	möchtest
Sie	können	müssen	möchten
er/sie/es	kann	muß	möchte

wir	können	müssen	möchten
ihr	könnt	müßt	möchtet
sie	können	müssen	möchten

S. 131, 6

4. Verben mit Vokalwechsel

ich	schlafe	fange an	wir	schlafen	fangen an
du	schläfst	fängst an	ihr	schlaft	fangt an
Sie	schlafen	fangen an	sie	schlafen	fangen an
er/sie/es	schläft	fängt an			

5. Die Uhrzeit

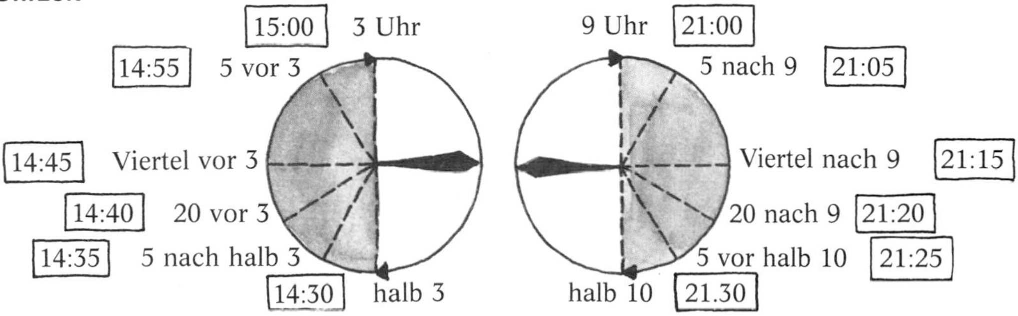

Wie spät ist es? Wieviel Uhr ist es?	Es ist	halb drei / vierzehn Uhr dreißig / fünf nach halb drei / vierzehn Uhr fünfunddreißig/ Viertel vor drei / vierzehn Uhr fünfundvierzig / ...
Wann kommst du? Um wieviel Uhr kommst du?	Ich komme um	neun Uhr/einundzwanzig Uhr/ fünf nach neun/einundzwanzig Uhr fünf / Viertel nach neun/einundzwanzig Uhr fünfzehn/ ...

Lektion 6

S. 133, 4

1. Verb mit Vokalwechsel: empfehlen

ich	empfehle	wir	empfehlen
du	empfiehlst	ihr	empfehlt
Sie	empfehlen	sie	empfehlen
er/sie/es	empfiehlt		

2. Präpositionen

Ich komme aus Frankreich.
Ich komme aus Paris.

Ich fahre nach Italien.
Ich fahre nach Rom.

Ich fahre von Paris nach Rom.

S. 124, 1d

3. Verben und Ergänzungen im Satz: Direktiv-/Situativergänzungen

woher?

woher?	kommen
aus Frankreich	kommen

Woher		kommen	Sie?		
	Ich	komme			aus Frankreich.

wohin?

wohin?	fahren gehen fliegen
von . . . nach nach in, an, auf, durch + *Akkusativ*	fahren gehen fliegen

Wohin		fahren	Sie	morgen?	
	Ich	fahre			nach Köln.
	Ich	fliege			von Paris nach Köln.
	Ich	gehe			in den Schwarzwald.
	Ich	fahre			an die Ostsee.
	Ich	gehe			auf die Zugspitze.
	Ich	fahre			durch die Schweiz.

S. 127

!

wo?	wohnen leben arbeiten studieren liegen

wohin?	fahren gehen fliegen (steigen) (fließen)

Ich wohne in Köln. → *Situativergänzung*

Ich fahre nach Köln. → *Direktivergänzung*

S. 129, 3

4. Steigerung

a) im Satz

wie?	sein liegen finden
ruhig ruhiger am ruhigsten	sein liegen finden

	Wie		ist	das Hotel A?		
		Hotel A	ist			ruhig.
		Hotel B	liegt		aber	ruhiger.
Und	Hotel C		finde	ich		am ruhigsten.

b) *Steigerungsformen*

	Positiv	Komparativ		Superlativ
regelmäßig	schön	schöner	am	schönsten
	modern	moderner	am	modernsten
	wenig	weniger	am	wenigsten
	praktisch	praktischer	am	praktischsten
	teuer	teurer	am	teuersten
Vokalwechsel !	warm	wärmer	am	wärmsten
	kalt	kälter	am	kältesten
	kurz	kürzer	am	kürzesten
	groß	größer	am	größten
	hoch	höher	am	höchsten
unregelmäßig !	gut	besser	am	besten
	gern	lieber	am	liebsten
	viel	mehr	am	meisten

5. Welcher, welche, welches

S. 128
S. 130, 2b

	Nominativ	Akkusativ
Maskulinum	Welcher Gasthof ist am ruhigsten? Der Gasthof „Eden".	Welchen Zug nimmst du? Den um 8.13.
Femininum	Welche Pension ist am zentralsten? Die Pension Schröder.	Welche Maschine nimmst du? Die um 10.05.
Neutrum	Welches Hotel ist am schönsten? Das Hotel „Berlin".	Welches Flugzeug nimmst du? Das um 10.05.
Plural	Welche Zimmer sind am teuersten? Die Hotelzimmer.	Welche Zimmer empfehlen Sie? Die im Hotel Mozart.

Lektion 7

1. Personalpronomen: Dativ

	Nominativ		Dativ	
1. Person	ich		mir	
2. Person	du		dir	
	Sie		Ihnen	
3. Person	er		ihm	
	sie	Carola gibt	ihr	ein Buch.
	es		ihm	
1. Person	wir		uns	
2. Person	ihr		euch	
3. Person	sie		ihnen	

Sie gibt ihm ein Buch.

S. 130

2. Verben und ihre Ergänzungen im Satz: Verben mit Akkusativ- und Dativergänzung

	Inversions-signal	Subjekt	Verb	Subjekt	unbetonte obligator. Ergänzung	Angabe	obligatorische Ergänzung	Verb
							was?	haben
							Geburtstag	haben
					wem?		was?	schenken empfehlen kaufen
		Fred	hat			morgen	Geburtstag.	
	Was		kann	Carola	ihm			schenken?
		Lisa	empfiehlt		ihr		eine Platte.	
Aber		Carola	möchte		ihm		keine Platte	schenken.
	Deshalb		kauft	sie	ihm		ein Buch.	
					Dativergänzung		*Akkusativergänzung*	

Verben mit Dativ- und Akkusativergänzung

wem?	was?	geben
mir	ein Buch	geben
dir	eine Kamera	erklären
Ihnen	...	zeigen
ihm	...	empfehlen
...	...	kaufen
...	...	mitbringen

⚠ *Die Dativergänzung ist nicht immer notwendig:*

Wir geben eine Party.
Sie kauft ein Brot.

3. Verben und ihre Ergänzungen im Satz: Verben mit Dativergänzung

					wem?		passen gefallen helfen
			Paßt	es	dir	Samstag?	
Nein,	Samstag		paßt	es	mir	nicht.	
		Das Buch	gefällt		mir	nicht.	
			Gefällt	es	dir	wirklich nicht?	
	Dann		kann	ich	dir	auch nicht.	helfen.

⚠ *Unregelmäßige Wortstellung:* Gefällt Ihnen das Buch nicht?

4. Unregelmäßige Verben: wissen, mögen (ich mag)

ich	weiß	mag	wir	wissen	mögen
du	weißt	magst	ihr	wißt	mögt
Sie	wissen	mögen			
er/sie/es	weiß	mag	sie	wissen	mögen

5. Indefinitpronomen: einer, etwas

S. 128
S. 130, 2b

	Nominativ			*Akkusativ*		
Mask.	Ist das	ein	Film?	Haben Sie	einen	Film?
	Ja, das ist	einer.		Ja, ich habe	einen.	
Fem.	Ist das	eine	Kassette?	Haben Sie	eine	Kassette?
	Ja, das ist	eine.		Ja, ich habe	eine.	
Neutr.	Ist das	ein	Feuerzeug?	Haben Sie	ein	Feuerzeug?
	Ja, das ist	eins.		Ja, ich habe	eins.	
Plur.	Sind das		Feuerzeuge?	Haben Sie		Feuerzeuge?
	Ja, das sind	welche.		Ja, ich habe	welche.	

Indefinitpronomen im Satz

etwas	wissen
etwas ein Radio eins	schenken haben

Lisa	hat			morgen	Geburtstag.	
Ich	möchte		ihr	gern	etwas	schenken.
	Weißt	du		nicht	etwas?	
	Schenk		ihr	doch	ein Radio.	
Sie	hat			schon	eins.	

6. Akkusativergänzung als Pronomen

S. 136, 3
S. 130, 2

	eine Lampe	suchen
die		nehmen
sie		einpacken

	Ich	suche				eine Lampe.	
	Ich	nehme		die.			
Die		nehme	ich.				
		Packen	Sie	sie	bitte		ein.

Personalpronomen, Definitpronomen: Formen in der 3. Person

	Nominativ		*Akkusativ*
Mask.	der (Füller)		den.
	er		ihn.
Fem.	die (Tasche)		die.
	sie		sie.
Neutr.	das (Buch)	Ich nehme	das.
	es		es.
Plur.	die (Bücher)		die.
	sie		sie.

S. 128, 2

Lektion 8

S. 133, 2

1. Präpositionen

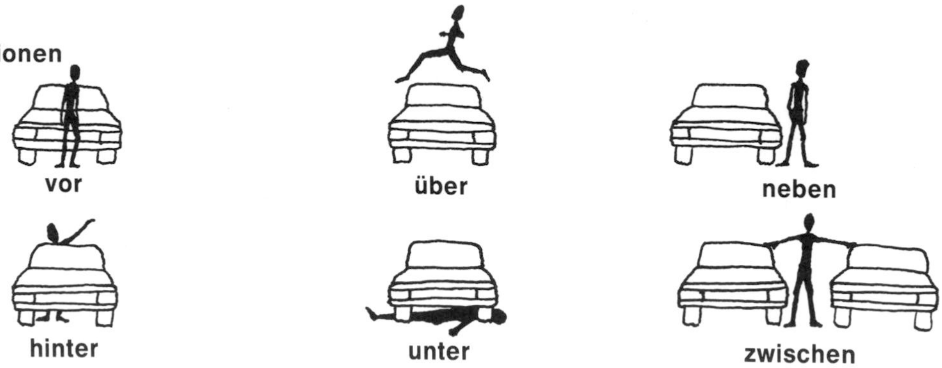

S. 134, 3

2. Situativergänzung: Präposition + Dativ

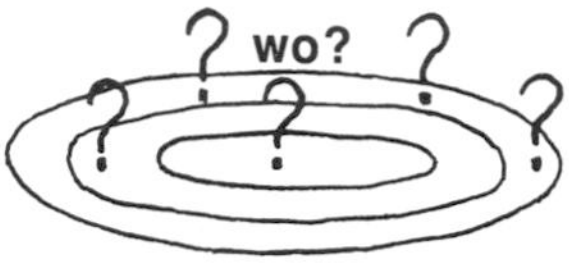

wo?	sein stehen liegen

Wo		ist	der Turm?	
	Er	steht		hinter der Kirche.
Wo		liegt	der Park?	
	Er	liegt		am Turm.

3. Dativ: Formen

	Nominativ			*Dativ*		
Maskulinum	ein	Turm	Er steht	auf	einem	Turm.
	der	Turm		auf	dem	Turm.
Femininum	eine	Kirche		vor	einer	Kirche.
	die	Kirche		vor	der	Kirche.
Neutrum	ein	Haus		neben	einem	Haus.
	das	Haus		neben	dem	Haus.
Plural	–	Häuser	Die Leute wohnen	in		Häusern.
	die	Häuser		in	den	Häusern.

Dativ Plural der Nomen: -(e)n

in	den	Wohnungen
auf	den	Türmen
vor	den	Kirchen
in	den	Häusern

Ausnahme: Plural mit -s:

in den Appartements
in den Bungalows

4. Direktivergänzung

S. 134, 3

a) Präposition mit Akkusativ

wohin? → gehen

Wohin	gehen	Sie	morgen?	
Ich	gehe		morgen	ins Rathaus.

➡ *Präposition mit Akkusativ*

S. 133, 2

b) Präposition mit Dativ

wohin? → gehen

Wohin	gehen	Sie	denn?	
Ich	gehe			zum Bahnhof.

➡ *Präposition mit Dativ*

5. Übersicht: Wechselpräpositionen (Präpositionen mit Akkusativ oder Dativ)

in an auf unter vor hinter über neben zwischen

wohin? – Akkusativ ←→ **wo? — Dativ**

Wir gehen	ins Rathaus.	Wir stehen	im Rathaus.
	an den Fluß.		am Fluß.
	auf den Turm.		auf dem Turm.
	unter die Brücke.		unter der Brücke.

6. Übersicht: Präpositionen nur mit Akkusativ oder nur mit Dativ

durch	+ Akkusativ :	wie? →	Wir fahren	durch	die Stadt.
aus	+ Dativ :	woher? →	Ich komme	aus	dem Rathaus.
von	+ Dativ :	woher? →	Ich komme	vom	Bahnhof.
			Ich gehe	vom	Bahnhof
				zum	Rathaus.
zu	+ Dativ :	wohin? →	Ich gehe	zum	Rathaus.
mit	+ Dativ :	womit? →	Ich fahre	mit	dem Bus.

7. Ordinalzahlen

1.	der / die / das	erste	Platz / Straße / Haus
2.	der / die / das	zweite	Platz / Straße / Haus
3.	der / die / das	dritte	Platz / Straße / Haus

4.	der	vierte
5.	der	fünfte
6.	der	sechste
7.	der	siebte
20.	der	zwanzigste
21.	der	einundzwanzigste
100.	der	hundertste
101.	der	hunderterste
1000.	der	tausendste

Lektion 9

S. 128, 1

1. Possessivartikel

a) Nominativ

		Maskulinum		*Femininum*		*Neutrum*			*Plural*	
		ein	Arzt	eine	Ärztin	ein	Buch		–	Ärzte
ich		mein		meine		mein			meine	
du		dein		deine		dein			deine	
Sie		Ihr		Ihre		Ihr			Ihre	
er	Das ist	sein	Arzt	seine	Ärztin	sein	Buch	Das sind	seine	Ärzte
sie		ihr		ihre		ihr			ihre	
wir		unser		unsere		unser			unsere	
ihr		euer		eure		euer			eure	
sie		ihr		ihre		ihr			ihre	

b) Akkusativ und Dativ

Akkusativ:	einen	Arzt	eine	Ärztin	ein	Buch	–	Ärzte
	meinen		meine		mein		meine	
	deinen		deine		dein		deine	
	...		...		...		...	
	...		...		...		...	
Dativ:	einem	Arzt	einer	Ärztin	einem	Buch	–	Ärzten
	meinem		meiner		meinem		meinen	
	deinem		deiner		deinem		deinen	

!

er: seine Nase

sie: ihre Nase

S. 132, 3

2. Modalverben: dürfen, sollen, wollen

a) im Satz

–	rauchen	dürfen
Sport	treiben	sollen
schwimmen	gehen	wollen

	Herr M.	darf		nicht mehr		rauchen.
	Er	soll			Sport	treiben.
Jetzt		will	er		schwimmen	gehen.

b) Formen

	dürfen	sollen	wollen				
ich	darf	soll	will	wir	dürfen	sollen	wollen
du	darfst	sollst	willst	ihr	dürft	sollt	wollt
Sie	dürfen	sollen	wollen				
er/sie/es	darf	soll	will	sie	dürfen	sollen	wollen

3. Perfekt

a) Formen

Was	hast	du	gemacht?
Was	ist	denn	passiert?

Perfekt = haben / sein + *Partizip II*

Perfekt mit haben

Infinitiv		*Partizip II*
machen		gemacht
spielen		gespielt
holen		geholt
arbeiten		gearbeitet
frühstücken		gefrühstückt
aufräumen	Ich habe	aufgeräumt
helfen		geholfen
trinken		getrunken
bringen		gebracht
schreien		geschrien
weh tun		weh getan

Perfekt mit sein

Infinitiv		*Partizip II*
fallen		gefallen
kommen		gekommen
fahren	Ich bin	gefahren
gehen		gegangen
aufstehen		aufgestanden
brechen	Es ist	gebrochen
passieren		passiert

b) Präsens und Perfekt im Satz

Präsens

was?	machen
Fußball	spielen

Was		machst	du?		
	Ich	spiele			Fußball.

Perfekt

was?	gemacht	haben
Fußball	gespielt	haben
–	gefallen	sein
–	weh getan	haben

Was		hast	du	denn bloß		gemacht?
	Ich	habe			Fußball	gespielt.
Plötzlich		bin	ich			gefallen.
	Mein Bein	hat		sehr		weh getan.
		↑ haben/ sein				↑ *Partizip II*

S. 141

Lektion 10

1. Perfekt mit haben oder sein: Partizipformen

a) Perfekt mit haben

Ich habe gemacht

1. mit Präfix ge-:		**ge**		**(e)t**
machen		ge	mach	t
wohnen		ge	wohn	t
arbeiten		ge	arbeit	et
mieten		ge	miet	et
Ebenso: spielen, holen, suchen, frühstücken, heiraten, kaufen, lernen, lieben, kochen, lachen, sagen, haben, meinen, fragen				
unregelmäßig:		**ge**		**t**
denken		ge	dach	t
bringen		ge	brach	t
mit Verbzusatz:		**ge**		**t**
aufräumen	auf	ge	räum	t
einkaufen	ein	ge	kauf	t
2. ohne Präfix ge-:				**t**
verteilen			verteil	t
erleben			erleb	t
studieren			studier	t
demonstrieren			demonstrier	t

Ich habe geschlafen

mit Präfix ge-:		**ge**		**en**
schlafen*		ge	schlaf	en
finden		ge	fund	en
trinken		ge	trunk	en
schwimmen		ge	schwomm	en
nehmen		ge	nomm	en
schreien		ge	schri	en
schreiben		ge	schrieb	en
helfen		ge	holf	en
sprechen		ge	sproch	en
singen		ge	sung	en
treffen		ge	troff	en
**Ebenso:* geben, essen, lesen, sehen				
unregelmäßig:		**ge**		**en**
stehen		ge	stand	en
mit Verbzusatz:		**ge**		**en**
anfangen	an	ge	fang	en
fernsehen	fern	ge	seh	en
wehtun	weh	ge	ta	n
ohne Präfix ge:				**en**
gefallen			gefall	en
bekommen			bekomm	en
vergessen			vergess	en

b) Perfekt mit sein

Es ist passiert — Ich bin gefallen

ohne Präfix ge-:		t	mit Präfix ge:	**ge**		**en**
passieren	passier	t	fallen	ge	fall	en
			fahren	ge	fahr	en
			kommen	ge	komm	en
			werden	ge	word	en
			fliegen	ge	flog	en
			sein	ge	wes	en
			gehen	ge	gang	en
			sterben	ge	storben	en
				ge	bor	en

2. Präteritum: haben, sein

ich	hatte	war
du	hattest	warst
Sie	hatten	waren
er/sie/es	hatte	war
wir	hatten	waren
ihr	hattet	wart
sie	hatten	waren

Millionen Menschen	hatten	keine Arbeit.	
Millionen Menschen	haben	keine Arbeit	gehabt.
Ich	war	in Italien.	
Ich	bin	in Italien	gewesen.

Bei den Verben sein und haben: Man benutzt oft Präteritum statt Perfekt.

Alphabetische Wortliste

Die Wortliste führt alle Wörter und Wendungen auf, die in diesem Lehrbuch für den aktiven Gebrauch eingeführt werden. Hinter jeder Eintragung ist die Lektion, der Lernabschnitt und die Seitenzahl der Stelle angegeben, wo der betreffende Ausdruck zum ersten Mal vorkommt. Falls das Wort oder die Wendung später in anderen Bedeutungen eingeführt wird, ist auch hier jeweils das erste Auftreten angegeben. Der Wortschatz für den Grundbaustein Deutsch ist durch halbfetten Druck hervorgehoben.

Die Wörter und Wendungen in Hör- und Lesetexten, die nur rezeptiv verwendet werden, aber für das Verstehen der Texte von zentraler Bedeutung oder in der Liste des Grundbausteins aufgeführt sind, wurden nicht in diese Liste aufgenommen. Sie können in den Glossaren nachgeschlagen werden.

ab L6 B3.4., S. 75
abend (Montag abend) L5 B2.2., S. 61
r Abend, -e (→ Abendessen)
s **Abendessen,** - L4 B1.1., S. 44
abends L9 B2.2.4., S. 107
aber L2 B2.1., S. 22
abfahren L6 B3.5., S. 75
ach ja L2 B2.1., S. 22
ach so L1 B1.3., S. 11
e **Adresse,** -n L3 B3.3., S. 39
aha L3 B3.3., S. 39
r **Alkohol** L7 B1.1.5., S. 82
alle L3 B2.2., S. 36
alles L5 B2.3.1., S. 62
als L4 B3.2., S. 52
also gut L8 B1.3.2., S. 95
alt L2 B1.1.2., S. 18
am L6 B2.1., S. 70, [= an dem] (→ **an**) L8 B1.2., S. 95
an L6 B1., S. 68; L6 B3.4., S. 75
andere L7 B2.2., S. 85
anfangen L5 B1.2., S. 58
Angestellter L2 B1.1.1., S. 18
ankommen L6 B3.4., S. 75
anrufen L9 B2.4., S. 109
ans [= an das] (→ **an**) L6 B1.2., S. 69
e Ansage, -n L6 B3.4., S. 75
ansehen L5 B2.4., S. 63
anstrengend L6 B3.2., S. 74
antworten L2 B3.2., S. 28
e **Anzeige,** -n L3 B3.4., S. 40
r **Apfel,** ¨- (→ Apfelsaft)
r Apfelsaft, ¨-e L4 B2.2., S. 48
r **Apparat,** -e L7 B3.2., S. 89
e **Arbeit** L5 B1.2., S. 58
arbeiten L2 B1.2., S. 19
s **Arbeitsamt,** ¨-er L8 B2.1.1., S. 96
r/e Architekt(-in) L5 B1.2., S. 58
r **Arm,** -e L9 B1., S. 104
r **Arzt,** ¨-e L8 B2.1.2., S. 97
r Aschenbecher, - L7 B1.1.5, S. 82
e Attraktion, -en L6 B1., S. 68
auch L1 B1.1., S. 9
auf L5 B1.1.3., S. 57
Auf Wiederhören. L1 B3.1., S. 14
Auf Wiedersehen. L1 A., S. 7
aufräumen L5 B1.2., S. 58
aufschreiben L5 B1.2., S. 59
aufstehen L5 B1.2., S. 58
s **Auge,** -n L9 B1., S. 104
aus L1 B1.2., S. 10; L8 B1.2., S. 94
ausgeben L5 B1.2., S. 59; L7 B2.4., S. 87
aussehen L9 B1.2., S. 105
s **Auto,** -s L3 B1.2., S. 34
e **Autobahn,** -en L6 B3.1., S. 73
e Autofahrt, -en L6 B3.2., S. 74

r Bach, ¨-e L1 B1.3., S. 11
s **Bad,** ¨-er L3 A., S. 31
r/e Bäcker(-in) L2 A., S. 17
e Badewanne, -n L3 B1.1., S. 33
e **Bahn** L6 B3.1., S. 73
e Bahnfahrt, -en L6 B3.2., S. 74
r **Bahnhof,** ¨-e L6 B3.4., S. 75
r Balkon, -e L6 B2.2., S. 71
e **Bank,** -en L5 B1.1.1., S. 57
e Bar, -s L5 B1.1.1., S. 57
e Batterie, -n L7 B2.2., S. 85
r Bauch, ¨-e L9 B1., S. 104
e Bauchschmerzen, pl. L9 B1.2., S. 105
r **Bauer,** -n L2 A., S. 17
s Bauernhaus, ¨-er L3 B1.2., S. 34
beantworten L1 B3.2., S. 15
r Becher, - L4 B2.3., S. 50
bedienen L5 A., S. 55
bei L2 B2.2., S. 24; L4 B1.4., S. 45; L8 B1.2., S. 94
beide L3 B3.4., S. 40
s **Bein,** -e L9 B1., S. 104
s **Beispiel,** -e L7 B2.4., S. 87
bekommen L3 B3.5.1., S. 41
benutzen L6 B3.2., S. 74
bequem L3 B2.1.1., S. 35
berichten L2 B3.2., S. 28
r **Berg,** -e L1 B1.3., S. 11
r **Beruf,** -e L2 B1.1.1., S. 18
beschreiben L3 B3.1., S. 37
besonders L6 B1., S. 68
besser (→ gut)
e **Besserung** (→ Gute Besserung!)

öffentlich L8 B2.1.1., S. 96
s **Öl,** -e L4 B2.5., S. 50
Österreich L1 B1.2., S. 10
r/e Österreicher(-in) L2 B2.2., S. 24
oft L9 B2.1., S. 106
Oh! L1 B3.1., S. 14
ohne L6 B2.2., S. 71
s Ohr, -en L9 B1., S. 104
r Orangensaft, ¨-e L4 B2.2., S. 47
e Ordensschwester, -n L2 B3.2., S. 28
ordnen L9 B3.1., S. 110

paar L9 B2.2.4., S. 107
r/e Packer(-in) L2 B2.1.3., S. 23
e Packung, -en L4 B2.3., S. 50
s **Papier** (→ Briefpapier)
r **Park,** -s L8 B2.1.1., S. 96
e Party, -s L7 B1.1.4., S. 82
r Passagier, -e L6 B3.5., S. 75
passen L1 B3.2., S. 15; L7 B1.1.4., S. 82
passieren L9 B3., S. 110
e **Pause,** -n L5 B1.2., S. 59
s Penizillin L9 B2.1., S. 106
e **Pension,** -en L6 B2.1., S. 70
s Personenraten L2 B3.2., S. 28
r Pfannkuchen, - L4 B3.1.3., S. 51
phantastisch L3 B2.2., S. 36
r **Plan,** ¨-e L8 B2.2., S. 98
e **Platte,** -n (= Schallplatte) L7 B1.1.2., S. 81
r Plattenspieler, - L7 B1.1.1., S. 80
e Plattform, -en L8 B1.3.2., S. 95
r **Platz,** ¨-e L3 B1.2., S. 34
plötzlich L9 B3., S. 111
r/e Politiker(-in) L2 B3.2., S. 28
e Pommes frites L4 B2.2., S. 48
praktisch L3 B2.1.1., S. 35
prima L3 B2.2., S. 36
s Privatzimmer, - L6 B2.1., S. 70
pro L5 B2.3.1., S. 62
s **Problem,** -e L9 B1.1., S. 104
produzieren L3 B1.2., S. 34
s **Programm,** -e L9 B3., S. 112
r/e Programmierer(-in) L2 A., S. 17
r **Prospekt,** -e L8 B1.2., S. 94
putzen L5 A., S. 55

r Quadratmeter (= m^2), - L3 A., S. 31

s **Radio,** -s L7 B1.1.2., S. 81
r Radiorecorder, - L7 B1.1.2., S. 81
r Rat L9 B2.1., S. 106
s **Rathaus,** ¨-er L8 B2.1.1., S. 96
e Ratschläge, pl. (→ Rat) L9 B2.1.2., S. 107
rauchen L7 B1.1.1., S. 80
recht haben (→ haben) L9 B2.1., S. 106
rechts L8 B2.2., S. 97
s Reihenhaus, ¨-er L3 A., S. 31
r **Reis** L4 A., S. 43
reisen L7 B1.1.3., S. 81
r/e Rentner(in) L4 B1.1., S. 44
s **Restaurant,** -s L5 B1.1.1., S. 57
richtig L2 B2.1., S. 22
e **Richtung,** -en L8 B2.4., S. 99
s **Rindfleisch** L4 B2.1., S. 46
e Rindfleischsuppe, -n L4 B1.1., S. 44
r Rotwein, -e L4 B2.2., S. 48
e Roulade, -n L4 B2.2., S. 49
r **Rücken,** - L9 B1., S. 104
ruhig L3 B3.5., S. 41; L6 B2.1., S. 70

r **Saft,** ¨-e (→ Apfelsaft)
sagen L2 B2.1., S. 22
r **Salat,** -e L4 A., S. 43
r Salatteller, - L4 B2.2., S. 48
r Salbeitee L9 B2.1., S. 106
r **Samstag,** -e L5 A., S. 55
satt L4 B3.1.2., S. 51
r Satz, ¨-e L4 B3.2., S. 52
sauer L4 B1.3., S. 45
schade L3 B3.3., S. 39
e Schallplatte, -n L7 B1.1.1., S. 80
scharf L4 B1.3., S. 45
schauen L7 B2.2., S. 85
schenken L7 B1.1., S. 80
r Schilling L6 B2.2., S. 71
r Schinken, - L4 B3.1.3., S. 51
s Schinkenbrot, -e L4 B2.2., S. 49
schlafen L5 B1.1.3., S. 57
schlafen gehen (→ gehen) L5 B1.2., S. 59
s **Schlafzimmer,** - L3 A., S. 31
schlecht L3 B2.2., S. 36; L7 B1.2., S. 83
schlimm L9 B1.2., S. 105
s Schloß, Schlösser L6 B1., S. 68
r/e Schlosser(-in) L2 B1.2., S. 19
schmecken L4 B3.1.1., S. 51
e **Schmerzen,** pl. L9 B1.2., S. 105
schneiden L5 B1.2., S. 58
schnell L6 B3.2., S. 74
r Schnellimbiß, -imbisse L4 B1.1., S. 45
e Schokolade, -n L9 B2.3., S. 108
schon L2 B1.1., S. 19
schön L3 B2.1.2., S. 35
r **Schrank,** ¨-e L3 B1.1., S. 32
schreiben L5 A., S. 55
e **Schreibmaschine,** -n L7 B1.1.1., S. 80
schreien L9 B3., S. 111
r/e Schriftsteller(-in) L2 B3.2., S. 28
r/e **Schüler(-in)** L6 A., S. 67
e Schulter, -n L9 B1.1., S. 104
r Schweinebraten, - L4 B2.2.2., S. 49
s **Schweinefleisch** L4 B2.1., S. 46
e **Schweiz** L1 B1.2., S. 10
s **Schwimmbad,** ¨-er L5 B1.1.1., S. 57

Quellennachweis der Illustrationen

a) Fotos:

Seite 1: Keystone Pressedienst, Hamburg – Volker Arndt, Sessenhausen – H. D. Blittgens, Marquartstein
Seite 12: dpa, Hamburg – Bildarchiv Preuss. Kulturbesitz, Berlin – Dr. K. Karkosch, München – A, B, C, D, E: Bildarchiv Preuss. Kulturbesitz, Berlin – F, G: Dr. K. Karkosch, München – H: Keystone Pressedienst, Hamburg
Seite 18: John's Modell-Service GmbH, Hamburg
Seite 20: 3: März-Foto von Claer, Berlin – 7: Toni Hieberler, Bavaria-Verlag, Gauting
Seite 21: 2: Keystone Pressedienst, Hamburg
Seite 28: Keystone Pressedienst, Hamburg – dpa, Hamburg
Seite 31: Herlinde Koelbl, Neuried – Keystone Pressedienst, Hamburg – Bavaria-Verlag, Gauting – Herlinde Koelbi, Neuried
Seite 32: a) Villeroy & Boch, Mettlach
Seite 33: b) Villeroy & Boch, Mettlach – c), d) de Sede, Klingnau – e), f) Stern/Volker Krämer, Gruner + Jahr, Hamburg
Seite 34: Bavaria-Verlag, Gauting – Anthony Verlag, Starnberg – Bildarchiv Huber, Garmisch-Partenkirchen – Adam Opel AG, Rüsselsheim – Helmut Tecklenburg, Meppen
Seite 56 + 57: MS Europa, Hapag-Lloyd AG, Bremen
Seite 68: A: Verkehrsamt der Stadt Köln, Köln (R. Gärtner) – B, C, E, F: Bavaria-Verlag, Gauting – D: Interfoto-Friedrich Rauch, München – G: Anthony-Verlag, Starnberg – H: Fritz Prenzel, Gröbenzell
Seite 70: Bavaria-Verlag, Gauting – Bildarchiv Huber, Garmisch-Partenkirchen
Seite 76: Ostseebad Damp GmbH & Co. KG, Damp – J. Meiserschmidt, Bavaria-Verlag, Gauting
Seite 89: Messe- und Ausstellungs-GmbH, Köln
Seite 93: Hans Hartz Verlag, Hamburg – Stern (Anders), Gruner + Jahr, Hamburg
Seite 94: 1, 3: Hans Hartz Verlag, Hamburg – 2, 4, 5, 6: Tourist Information, Hamburg
Seite 106: © Heinz Röhner, Bilderdienst Süddeutscher Verlag, München
Seite 108: Erich Baumann, Bavaria-Verlag, Gauting
Seite 114: Keystone, Hamburg – Photo AP, Frankfurt – dpa, Hamburg – Keystone, Hamburg – Pressebildagentur Werek, München – dpa, Hamburg
Seite 117: dpa, Hamburg – Ullstein-Bilderdienst, Berlin – Bilderdienst Süddeutscher Verlag, München – Georg Friedel, München
Seite 118 + 119: Telefunken, Berlin
Seite 119: Bilderdienst Süddeutscher Verlag, München – Ullstein-Bilderdienst, Berlin
Seite 121: Ullstein-Bilderdienst, Berlin
Seite 122: Presse- und Informationsamt der Bundesregierung, Bundesbildstelle, Bonn – dpa, Hamburg

b) Grafiken:

Seite 18: Globus-Kartendienst, Hamburg
Seite 38: Ring deutscher Makler, München
Seite 45: Globus-Kartendienst, Hamburg
Seite 65: Globus-Kartendienst, Hamburg
Seite 99: Hamburger Verkehrsverbund, Hamburg
Seite 103: Globus-Kartendienst, Hamburg
Seite 114: Globus-Kartendienst, Hamburg

c) Zeichnungen:

Seite 65: Gertrude Degenhardt, Mainz-Gonsenheim
Seite 67: Dr. Paul Schwarz, Landau
Seite 92: Klaus Hein Fischer, Hamburg

d) Cartoons:

Seite 84: © Walt Disney Productions, Frankfurt/Main

Quellennachweis der Texte

Seite 64: Institut für Arbeitsmarkt und Berufsforschung, Nürnberg; Institut Allensbach
Seite 65: Hör zu, 1981
Seite 76: abr-Prospekt: »Ferienwohnungen 1982«
Seite 100: *nach:* Alle Wege nach Hamburg, hrsg. v. Verkehrsamt Hamburg
Seite 106: *nach:* Leser fragen – Dr. Braun antwortet, Sprechstunde, VITAL, August 1982
Seite 118–121: *nach:* Eine Volksschulklasse der zwanziger Jahre. Eine Fernsehsendung v. Georg Friedel, München